SONDERMODELLE

SPECIAL MODELS

Deutsches Architektur Museum
Frankfurt am Main

Österreichisches MUSEUM für VOLKSKUNDE

OLIVER CROY / OLIVER ELSER

SONDERMODELLE

DIE 387 HÄUSER DES PETER FRITZ, VERSICHERUNGSBEAMTER AUS WIEN

SPECIAL MODELS

THE 387 HOUSES OF PETER FRITZ, INSURANCE CLERK FROM VIENNA

HATJE CANTZ VERLAG

Umschlagabbildung vorne: Haus Nr. 340, hinten: Haus Nr. 291 (Fotos: Andreas Muhs); Frontispiz: Haus Nr. 185 | Cover Front: model no. 340, Back: model no. 291 (photos: Andreas Muhs); Frontispiece: model no. 185

INHALT | CONTENTS

6 Vorwort | Preface

Burkhard Spinnen
9 Vorsicht an der Bahnsteigkante!
12 Mind the Gap!

Franz Grieshofer
15 Modelle im Museum
19 Models in the Museum

Ingeborg Flagge
23 Der Alltag und das Museum
26 The Commonplace and the Museum

Alexander Markschies
29 Die Welt im Kleinen
33 The World in Miniature

Oliver Croy / Oliver Elser
38 Fritz-Forschung | Fritz Studies
42 Bauherrensuche | Looking for Clients

46 Schrebergartenhäuser | Allotment Buildings
Bittermann&Duka

54 Einfamilienhäuser | Single-Family Houses
Dietmar M. Steiner

116 Einfamilienhäuser mit Nebengebäuden | Single-Family Houses with Annexes
Wolfgang Kos

148 Villen | Villas
Susanne Titz

152 Berghütten | Alpine Buildings
Jesko Fezer

156 Bauernhöfe | Farmyards
Franz Grieshofer

164 Mehrfamilienhäuser | Apartment Buildings
Thorsten Platz

222 Mehrfamilienhäuser mit Nebengebäuden | Apartment Buildings with Annexes
Walter Grasskamp

248 Schulen | Schools
Friedrich Achleitner

252 Amtsgebäude | Municiple Buildings
Heinrich Wefing

268 Bürogebäude | Office Buildings
Wilfried Wang

274 Bankgebäude | Banks
Anne Schmedding

278 Kaufhäuser | Department Stores
David Wagner

288 Schwimmbäder | Public Swimming Baths
Christian Welzbacher

292 Produktionsgebäude | Workshops & Factories
Harald Fricke

304 Lagerhäuser | Warehouses
Christoph Doswald

314 Feuerwehrhäuser | Fire Stations
Peter Arlt / Benjamin Foerster-Baldenius

318 Mühlen | Mills
Michael Zinganel

332 Bahnhöfe | Railway Stations
Burkhard Spinnen

340 Wartehäuschen | Bus Shelters
Thomas Bayrle

344 Bahnbetriebsgebäude | Railway Buildings
Bodo-Michael Baumunk

356 Tankstellen | Petrol Stations
Clemens Krümmel

360 Burgen | Castles
Helga Kusolitsch

366 Gasthäuser | Taverns
Renate Puvogel

392 Pensionen & Hotels | Guest Houses & Hotels
Wolfgang Lechner

446 Vergnügungsstätten | Leisure Facilities
Irene Nierhaus

450 Seilbahnstationen | Cable-Car Stations
Harry Walter

454 Geisterbahn | Ghost Train
Philip Ursprung

456 Kirchen | Churches
Alexander Markschies

472 Vermisst | Untraced

474 Autorenverzeichnis | The Authors

Vorwort | Preface

Einladungskarte »Peter Fritz Info Tage«, Berlin 1998, Pavillon der Volksbühne | Invitation 'Peter Fritz Info Days', Berlin 1998, Pavillon der Volksbühne
Kurator | Curator: Rüdiger Lange

Mit dem vorliegenden Werkverzeichnis wird es möglich, die 387 Häuser als das zu sehen, was sie sind: Eine architektonische Enzyklopädie der bis heute spürbaren Nachmoderne in der Provinz, ob in Österreich oder anderswo. Nichts lenkt von den Modellen ab, kein Regal, kein Hintergrund, keine Installation und sei sie auch noch so schlicht. Ob die Häuser derart freigestellt bestehen können, war eine Frage, die wir, ohne sie ausdrücklich zu formulieren, an 29 Autoren weitergereicht haben. Die Ergebnisse bestätigen unsere These, dass nicht die schiere Menge, nicht die sehr spezielle Materialität, nicht die »Geschichte eines einfachen Mannes«, sondern ihre Architektur sie zu SONDERMODELLEN macht.

Peter Fritz war ein Bastler, doch »nicht alle Bastler sind harmlos«[1]. Wir halten Peter Fritz für einen ernst zu nehmenden Architekten. Seine Modelle zeigen ihn als sensiblen Beobachter einer Welt, die wir kennen und schätzen, auch wenn wir mittlerweile in die Großstadt geflüchtet sind. Seine Welt ist nicht die der Modellbahnhaus-Idylle à la Faller und Vollmer, sondern die Architektur des Alltäglichen. Er baut die Welt wie sie ist und gleichzeitig so, wie sie noch etwas interessanter sein könnte. Weil wir diese Haltung teilen, versuchen wir, Bauherren für seine Häuser zu finden (siehe Kapitel »Bauherrensuche«).

This catalogue of works will make it possible to see the 387 buildings for what they are: an encyclopaedia of provincial architecture in the aftermath of modernism which is still to be found today, whether in Austria or elsewhere. Nothing distracts attention from the models, there are no shelves, no backgrounds, no installation, regardless of how sophisticated same might be. One of the implicit questions we addressed to the 29 authors was whether they thought the buildings could take such exposure. The results confirm our theory that it is not the sheer number, the very special materiality nor the 'history of the simple man', but rather their architecture which make them SPECIAL MODELS.

Peter Fritz was a model maker in his spare time, but "not all model makers are harmless".[1] We believe that Peter Fritz is an architect worthy of serious attention. His models show him to be a sensitive observer of a world we know and appreciate even if we have fled to the city in the meantime. His world is not that of model railway buildings à la Faller and Vollmer, but rather that of everyday architecture. He builds the world as it is and in ways in which it could be even more interesting at the same time. We are trying to find clients for his buildings because we share this attitude (see the chapter 'Looking for Clients').

1 Walter Grasskamp: »Sentimentale Modelle«, in: *Kunstforum International*, Nr. 38, 1980, S. 55.

Peter Fritz' Zeit war die Zeit des Nah-Tourismus. Vielleicht auf der Suche nach dem Unverfälschten, Ursprünglichen führten ihn seine Reisen doch immer dort hin, wo bereits andere angekommen waren und ihre Spuren der Landschaft und den Häusern aufgeprägt hatten. Peter Fritz verstand es, diese Eindrücke zum Leitmotiv zu machen. Die unzähligen Überformungen des traditionellen Hauses lassen ihn als eigenwilligen Modernisten erscheinen – denn dazu gab und gibt es keine Alternative.

Unser Dank gilt an erster Stelle den Autoren dieses Buches. Für die weitere Fritz-Forschung sind wichtige Beiträge entstanden. Aviva Ronnefeld und Christian Casata stellten ihr Atelier für die Aufnahmen, Martin Hanf und Alexander Croy ihre Autos für Transporte zur Verfügung. Bei Marisa Lechner bedanken wir uns für das Coaching. Andreas Muhs half mit Ausrüstung und fotografischem Sachverstand, Thomas Raab, Andrea Siegl und Jonathan Quinn gewährten Unterkunft in Wien. Unser besonderer Dank gilt Iris Maczollek, die den Kontakt zum Verlag herstellte und Silke Schmidt, die einen entscheidenden Anstoß gab.

Oliver Croy / Oliver Elser, Berlin im November 2000

Peter Fritz's era was the age of parochial tourism. Perhaps he was in search of the unspoilt and original, however his journeys always led him to places where others had already been and left their marks on the landscape and an impression on the buildings. Peter Fritz knew how to make these impressions into a leitmotif. The innumerable alterations to the form of the traditional building make him appear to be an unconventional modernist – as there was and is no alternative to this.

Our special thanks are first due to the authors of this book. Important contributions have been made for further Fritz research. Aviva Ronnefeld and Christian Casata loaned us their studio for the photography, and Martin Hanf and Alexander Croy their cars for transport. We would like to thank Marisa Lechner for her coaching. Andreas Muhs provided equipment and photographic know-how, Thomas Raab, Andrea Siegl and Jonathan Quinn provided accommodation in Vienna. Our particular thanks are due to Iris Maczollek who set up the contact with the publishing house and Silke Schmidt who provided a decisive impetus.

Oliver Croy / Oliver Elser, Berlin in November 2000

Burkhard Spinnen

VORSICHT AN DER BAHNSTEIGKANTE!

Warum die Häuser von Peter Fritz auf keine Modelleisenbahnplatte passen

Sie erheben Einspruch? Massiven Einspruch sogar? Sie sagen, diese Architektur und diese Modelle schrieen doch geradezu nach einer kleinen Bahn, damit sie ihren Schienenkreis darum schlage?

Nun, zugegeben – der Maßstab würde ja passen. Man sieht das am Bahnhof Schwefelbach Hinterleiten (S. 333), dessen Stellwerk sich im Rahmen des durchaus Akzeptablen über das Lichtraumprofil einer H0-Eisenbahn spannt. Und auch das Sujet könnte im Grunde nicht besser getroffen sein. Denn Peter Fritz' Modellpalette umfasst die handels- wie auch modellbahnüblichen Kinos, Badeanstalten, Verwaltungs- und Industriebauten. Daneben aber rangiert sehr hoch der Typus des ländlich-vorstädtischen Eigenheims. Und gerade dessen burschikose Mischung aus traditionell-regionaler Baukunst, verschrobener Individualität und planem Zweckdenken erinnert in der Tat ganz nachdrücklich an die (nicht eben glänzend beleumundeten) »Faller-Häuser«, sprich an jene Mainstream-Modelleisenbahn-Architektur, die inmitten eines möglichst high-technisch geschlossenen Schienenrunds für die zeitgenössische Variante der zeitlos-idyllischen Grundstimmung sorgt. Man kennt das von Tausenden Modellbahn-Anlagen, deren Prototypen auf jedem größeren Bahnhof zu besichtigen sind (4 Züge für eine Mark). Dort stehen sie unter Glas, jene Modelle »machtgeschützter Innerlichkeit« (Hugo von Hofmannsthal), auf denen IC und ICE wie stählerne Hütehunde um die kleinen Herden schafsfrommer und pseudoruraler Eigenheime kreisen.

Aber Peter Fritz' Häuser waren nie dazu gedacht, einer spiel- und allegoriegerecht verkleinerten Technik Ausschmückung und Sinn zu verschaffen. Allerspätestens auf den zweiten Blick erkennt man den Unterschied. Bei Fritz wird mehr Distanz als Gefälligkeit erzeugt! Denn wo Faller & Co. mit der Plastik-Glätte ihrer Produkte glänzen, wo ein mitunter bierernster Naturalismus der Darstellung den Bastler mit der banalen Idyllik des Dargestellten versöhnen soll, da befördert Peter Fritz durch fröhlichen Dilettantismus eine untergründig humoristische, wenn nicht gar satirische Tendenz.

H0-Fertiggelände aus vier Teilen mit Tunnel | H0 setting in four parts with tunnel (Kibri-Katalog 1976/77)

Und all dies resultiert ganz wesentlich aus der Wahl des Materials! Der Modellbahnbastler trachtet nämlich danach, sein Baumaterial zum Verschwinden zu bringen. Pappe soll nicht Pappe sein, Plastik nicht Plastik. Die Modellbahn-Zeitschriften der fünfziger und sechziger Jahre sind voller Geheimtipps zur Metamorphose von Haushaltsabfällen. Da werden Trinkhalme zu Abluftrohren, Schaschlikspieße zu Telegrafenmasten und Fliegengitter zu Maschendrahtzäunen. Wer einen solchen Trick präsentiert, ist stolz auf seine (Er-)Findungsgabe – doch als wirklich gelungen gelten solche Verwandlungen erst, wenn man die Ausgangsmaterialien in der fertigen Bastelei nicht mehr erkennen kann. In der Regel tilgt der letzte Farbüberzug alle Spuren der Abstammung!

Anders der gewissermaßen »geständige Bastler« Peter Fritz. Neben professionellen Bastelpappen und Architekturkarton verwendet er nämlich Tapeten, d-c-fix-Folien, Zigarettenschachteln, Zeitungsausrisse, Stoffe, Synthetikfasern und was auch immer zur Gestaltung seiner Häuser herangezogen werden kann. Doch alles bleibt erkennbar als das, was es einmal war! Die fertigen Häuser liefern neben ihrer Gestalt den vollständigen Katalog ihrer Bestandteile, den Nachweis ihrer Herkunft aus dem Wegwerfmaterial der Alltagskultur.

So freilich würden diese Häuser auf einer Modellbahnplatte nur Unheil anrichten. Die konventionelle Modellbahnanlage ist an nichts so sehr interessiert, wie an ihrer ästhetischen, materialen und funktionalen Abschottung gegen den Rest der real existierenden Welt. Auf der Platte, dem Modell der vorkopernikanischen Welt, drehen die Züge sich in einem magischen Kreis und gruppieren sich die vorbildgerechten Bauwerke zu Allegorien gelungenen Lebens inmitten der Technik. Und mögen da auch Hunderte so genannter »liebevoller Details« untergebracht sein, so ist doch der Blick des herkömmlichen Modellbahners weniger auf die Sachen selbst gerichtet, als auf die Utopie, deren Vehikel sie sind. Es geht auf der Modellbahnplatte um die reibungslos funktionierende, also um die perfekt domestizierte Technik und es geht um Inbilder befriedeten menschlichen Lebens inmitten von Stahl, Dampf, Elektrizität und Bewegung.

Daher ist die Perfektion der Faller-, Kibri- und Vollmer-Häuser auch so bitter nötig. Erschienen sie nämlich als »Gemachte«, so stellten sie sich dem allegorischen Blick in den Weg. Plötzlich – und das wäre fatal! – sähe man nicht mehr den Traum vom perfekten Eigenheim mit idyllischem Garten sowie Balkon-Blick auf die avancierteste ICE-Technik. Man sähe vielmehr, welche Beziehung ihr Erbauer zur Materialwelt seines Alltags unterhielte. Man sähe, wie er mit schelmischem Blick dem Kram und dem Krempel ihre Metaphorik entlockte! Und indem sich dann zum Beispiel nachvollziehen ließe, dass hier einer die Ähnlichkeit zwischen einer Verpackungswellpappe und einem Fassadenelement der Fünfzigerjahre-Moderne erkannt hat, würde unter dieser Erkenntnis die Fassade zweifellos mehr leiden als die Wellpappe, und die modellbahngerechte Utopie ginge zu Bruch.

Und bei Fritz leiden sie in der Tat, die Fassaden und die Utopien! Denn es sind ja gerade die Fassaden der Nachkriegsarchitektur, bei deren Gestaltung man die Utopien der Moderne mit einer Gebrauchsanweisung

Haus mit Dachgaube B-200 und Siedlerhaus B-204, Maßstab 1:87 (H0) | House with dormer window B-200 and housing estate dwelling B-204, scale 1:87 (H0)
(Faller-Katalog 1974/75)

zur massenhaften Herstellung praktischer und preiswerter Wohngeräte verwechselt hatte. Sachlichkeit ist hier zumeist Ausdruckslosigkeit, Klarheit der Gliederung ist Baukasten-Simplizität und was dann an »belebenden Elementen« hinzukommt, hat schon von Anfang an das Schimpfwort »Kunst am Bau« erhalten. Doch das schlimmste Verbrechen dieser Architektur ist ja gerade nicht eine aggressive Hässlichkeit, sondern, im Gegenteil, ihre heimtückische Unauffälligkeit, die viel dazu beigetragen hat, dass sich die Tristesse der gründlich falsch verstandenen Moderne als Zustand des allgemeinen Bewusstseins in der zweiten Hälfte des 20. Jahrhunderts so vollständig hat etablieren können.

Und eben dazu würde es in einer (Modell-)Stadt aus Fritz' Häusern nicht kommen. Im Gegenteil! Die Unauffälligkeit würde auffällig, ja notorisch werden. Das traurige *Shakehands* von Architektur und Krimskramskultur würde hervortreten; es würde manches Grinsen evozieren, es würde aber auch Grauen bereiten. Denn der Historismus des 19. Jahrhunderts war die potemkinsche Herrschaftsgeste einer schwindenden Autorität, aber es folgte ihm eine pseudodemokratische Bastel-Kultur, die sicher auch ihren Teil zur Verschleierung der wahren Verhältnisse beigetragen hat. Sie würde in Fritz' Stadt, absolut gesetzt und erkennbar geworden, dem bösen Gelächter preisgegeben.

Dem bösen Gelächter – aber auch einem ambivalenten Lachen. Denn Peter Fritz' Synthese aus Liebe zum Kleinkram und schelmischer Aufmerksamkeit für die Physiognomie der Banalmoderne deutet ja auch eine Versöhnung der unauffällig unglücklichen Alltagsexistenz mit der grausamen Unauffälligkeit der zeitgenössischen Gebrauchsarchitektur an. Das ist, was man – zu oft abfällig! – Humor nennt: nicht das Sich-einverstanden-Erklären mit allem und jedem, sondern die traurige Einsicht in die Grenzen unserer Möglichkeiten.

Daher abschließend: Nicht eine H0-Bahn würde Fritz' Häuser ruinieren – es wäre im Gegenteil so, dass diese Häuser die Schienen in die Flucht schlagen und die Lokomotiven in die Vitrine jagen würden. Es sei denn, ein beherzter Bastler ginge hin und baute eine satirische Variante einer Bundesbahn-Mehrzweck-Elektrolokomotive aus den sechziger Jahren, jener gestaltlosen Kreuzung aus Tiefkühltruhe und Zimmerantenne, die der Bahn jeden Nimbus raubte. Das würde passen.

Aber den Modellbahner möchte ich sehen!

Burkhard Spinnen

MIND THE GAP!

Why Peter Fritz's Buildings Won't Fit onto a Model Railway Base

Do you have any objection? Even a major objection? You say that this architecture and these models are simply crying out for a little railway to wend its way around them?

Admittedly the scale would be right. That can be seen in the Schwefelbach Hinterleiten railway station, the signals straddling the rails of which would certainly cover the clearance profile of an H0 (1:87 scale) model railway acceptably. The subject could basically not have been better hit upon. Peter Fritz's model base encompasses the commercial buildings as well as the cinemas, swimming pools, administrative and industrial buildings usual for model railways. Besides these, the rural-suburban home type ranks high though. It is precisely their casual mixture of traditional-regional building forms, eccentric individuality and flat functionality that are strongly reminiscent of Faller buildings (Faller manufactures model railway accessories for central Europe, the firm's reputation is not exactly brilliant), i.e. reminiscent of the kind of mainstream model railway architecture which is responsible for the basic contemporary, timeless idyllic mood in the midst of a rail circuit exhibiting the highest possible technology. One is familiar with this from the thousands of model railways whose prototypes can be seen at every major railway station (4 trains for DM 1.-). There they are under glass, every model within a protected sphere on which IC and ICE (Intercity and Intercity Express trains) loop around like steel guard dogs encircling a small flock of sheepishly pious and pseudo-rural homes.

However Peter Fritz's buildings were never intended to provide a miniaturised technical decoration and a sense of being suitable for play and allegory. The difference can be perceived on second glance at the very latest. Fritz creates more distance than pleasantness! Whereas Faller & Co. make their products shine with plastic smoothness and, amongst other things, a deadly serious naturalism in representation is intended to reconcile the hobby model maker with the banal idyll of the represented, Peter Fritz promotes an underlying humorous not to say satirical tendency through cheerful amateurism.

Fernsehturm, Maßstab 1:87 | TV tower, scale 1:87 (Faller-Katalog 1998/99)

And all this results essentially from the choice of materials! The model railway enthusiast strives to make his building materials disappear. Cardboard should not be cardboard, plastic not plastic. The model railway magazines of the 1950s and 60s are full of secret tips on how to metamorphose household rubbish. Drinking straws are transformed into ventilation pipes, wooden skewers into telegraph posts and fly meshing into chicken wire fencing. Whoever presents such tips is proud of their talent for discovery and invention – but such transformations are only really successful when the material used cannot be recognised in the finished product. As a rule the last coat of paint covers up all the traces of its origin!

The case is different with the to some extent 'self-professed model maker' Peter Fritz. Besides professional cardboard for model makers and architectural card, he uses sticky-back plastic, cigarette packets, cut-up newspaper, textiles, man-made fibres and whatever comes to hand to make his buildings. But everything remains recognisable as what it once was! The finished buildings provide not just their form but a complete catalogue of the components, proof of their origin in the refuse of everyday life.

Admittedly in this light the buildings would only ruin a model railway board. Nothing is of greater importance for the conventional model railway set up than the aesthetic, material and functional detachment from the rest of the actual existing world. On the board, the model of a pre-Copernican world, the trains orbit in a magical circle and the well-replicated buildings congregate in allegories of convincing life in the midst of technology. Even if hundreds of so-called 'lovingly observed details' have been incorporated, the typical model railway enthusiast is less concerned with things themselves but more with the utopia that acts as their vehicle. The model railway board is about smooth functioning, i.e. perfectly domesticated technology and satisfied human life in the midst of steel, steam, electricity and movement.

The perfection of the Faller, Kibri and Vollmer buildings is therefore absolutely essential. If they appear to be handmade they get in the way of the allegorical view. Suddenly one would not see, and this would be fatal, the dream of the perfect home in an idyllic garden with the balcony view of advanced ICE technology. Instead one would see the relationship the builder had with their own everyday material world. One would see how they have coaxed the metaphorical from odds and ends and junk with a mischievous look! And also how, for example, a similarity can be traced between corrugated cardboard packaging and a facade feature of the modern architecture of the 1950s. The facade would doubtlessly suffer more harm than the cardboard as a result of this realization, and the utopia of the model railway would be obliterated.

And indeed suffer they do with Fritz, the facades and the idylls! It is on the very facades of post-war architecture where the utopia of the modern was confused with a manual for mass-produced practical and economic living equipment. Objectivity is mainly an absence of expression here; clarity of articulation is building block simplicity, and whatever was added as 'invigorating elements' became known from the beginning as the curse in *in situ* art in public space. However the worst crime committed by this architecture is not actually an

Tipps für den Hausbau | Tips for building houses (Faller-Katalog 1977/78)

aggressive hideousness but quite the opposite, its insidious inconspicuousness which greatly contributed to the fact that the forlorn nature of the fundamentally misunderstood modern could establish itself as the condition of general consciousness during the second half of the 20th century.

It would not actually come to this in a (model) town of Fritz's buildings. The opposite is the case! The inconspicuousness would become conspicuous, even notorious. The sad communion of architecture and junk culture would come to the fore; it would provoke a few smirks, it would also produce disgust. Although the historicism of the 19th century was the Potemkinesque lordly gesture of a diminishing authority. However this was followed by a pseudo-democratic culture of model making which definitely contributed to the blurring of the true conditions of the time. These become absolutely fixed and have become recognisable in Fritz's town, exposed to cruel laughter.

Cruel laughter – but also an ambivalent laughter. Peter Fritz's synthesis of a love for odds and ends and mischievous attention to the physiognomy of the banal and modern is indicative of a reconciliation of inconspicuous, sad everyday existence with the horrible inconspicuousness of contemporary utilitarian architecture. This is what is too often dismissively termed humour: not the declaration of agreement with anything and everything but the sad acceptance of the limitations of our own possibilities.

The conclusion: an H0 model railway would not ruin Fritz's buildings – in contrast, these buildings would rally the rails into flight and hunt the locomotives around the showcase. That is if a courageous model maker were to go and build a satirical version of a federal railways' multipurpose electric locomotive of the 1960s whose formless cross between a deep freeze and an indoor aerial robs the railways of any aura. That would be appropriate.

But show me the model railway enthusiast who is going to do it!

Franz Grieshofer

MODELLE IM MUSEUM

Die Sammlung des Österreichischen Museums für Volkskunde

I.

In dem großartigen Werk über *Das Bauernhaus in Österreich-Ungarn*, das 1906 vom Österr. Ingenieur- und Architektenverein herausgegeben wurde, entdeckt man unter den Tafeln zum Kapitel »Böhmen« auf Blatt Nr. 16 einen Bauernhof aus Großhaid abgebildet, von dem man annehmen könnte, die Zeichnung sei nach einem originalen Objekt angefertigt worden, wenn es dazu nicht den Hinweis gäbe: »Nach einem Modell im Museum für österr. Volkskunde in Wien«. Tatsächlich ist dieses Modell im Museum vorhanden und gegenwärtig in der ständigen Schausammlung zu bewundern. Auf dem originalen Beschriftungszettel steht zu lesen: »Böhmerwald-Bauernhof, Nr. 49, des Wzl. Löffelmann in Großhaid. In $^{1}/_{30}$ d.n. Gr. Ausgeführt von Ign. Häusler, Autodidakt daselbst.«

Das mit Akribie und Liebe zum Detail im Maßstab 1:30 ausgeführte Modell stellt einen für die Gegend typischen Hakenhof aus der ersten Hälfte des 18. Jahrhunderts dar. Das Gebäude erhebt sich auf einer schrägen Unterlage und vermittelt einen guten Einblick in die Bau- und Konstruktionsweise jener Zeit. Es wird von einem mächtigen, mit Schindeln gedeckten und von einem Glockenturm bekrönten Dach dominiert, unter dem sich das niedrige Erdgeschoss duckt. Der vordere, nach Süden ausgerichtete Wohnteil ist gezimmert, der anschließende Stall gemauert und die dazu quer errichtete Scheune in Ständerbauweise aufgeführt. Das Haus wird traufseitig von der unter dem vorgezogenen Dach verlaufenden Gred, einer Art Balustrade, betreten.
Im Vorhaus nimmt die aufgrund der offenen Feuerstelle verrußte »Schwarze Küche« mit dem riesigen, trichterförmigen, das Dachgeschoss durchstoßenden Kamin eine zentrale Stelle ein. Von dort gelangt man in die Wohnstube und in die Kammer, beziehungsweise in ein hinter der Küche liegendes Stübel, von dem man wiederum über eine Leiter zu dem in den Hang gegrabenen Keller hinabsteigen kann. Vom Vorhaus führt auch eine Tür in den Stall, dessen Boden merkwürdigerweise der schrägen Hanglage angepasst wurde. Diese Besonderheit bliebe dem Betrachter freilich verborgen, hätte es

Hakenhof, Großhaid, Modell, um 1895 | L-shaped farmhouse, Grosshaid, model, circa 1895 (Foto: R. L. Hilgering)

der Erbauer des Modells, Ignaz Häusler, nicht so eingerichtet, dass sich das Dach über dem Wohn-Stalltrakt aufklappen lässt, um dadurch Einblick in das Innere des Hauses zu gewähren. Das wiederum war die Voraussetzung für Dr. tech. Karplus, der auf der Tafel als Zeichner angegeben ist, von dem Modell nicht nur einen Aufriss, sondern auch einen genauen Grundriss und einen Querschnitt anzufertigen. Sein besonderes Interesse galt dabei dem Stubenofen, den er in mehreren Details festhielt.

II.

Mit unglaublichem Eifer hatte der Museumsgründer Michael Haberlandt gemeinsam mit seinen Mitstreitern im Verein für Volkskunde ab 1895 begonnen, Zeugnisse der Volkskultur aus dem gesamten Bereich der cisleithanischen Hälfte der Monarchie für ein »Museum der Völker« zusammenzutragen. Sein Ziel war es, die ethnischen Besonderheiten und künstlerischen Äußerungen der im Reichsrat vertretenen Sprachnationen in einer vergleichenden Schau darzustellen.

Wofür sich die Moderne aus ästhetischen Gründen zu interessieren begann – man denke nur an die Stickmustersammlung von Emilie Flöge oder den Alpenhof am Kreuzberg in Payerbach von Adolf Loos –, suchte Haberlandt vom ethnografischen Gesichtspunkt aus zu erfassen und zu deuten.

Es war jene politisch wie wirtschaftlich überhitzte Zeit, in der sich neben dem Adel ein neues Bürgertum ohne traditionelle Bindung zu etablieren begann. Die Industrialisierung drohte zudem, das »Eigene« zu überrollen. Dem galt es entgegenzusteuern. Durch die Hinwendung zum Einfachen, zum Ländlichen und Ursprünglichen, zum Nationalen. Haberlandt hat diese Sehnsucht im Begleitband zum *Bauernhaus in Österreich-Ungarn* folgendermaßen artikuliert:

> »Aus den regelmäßigen Häuserzeilen der Städte kommend und an das Gemisch verschiedenster Baustile, wie es sich im modernen Stadtbild ausdrückt, gewöhnt, ist der Gebildete doppelt empfänglich für den Eindruck des primitiven Wohnhauses, wo der Rauch aus der Türe zieht und das, schwerbedacht und aus kleinen Fensteraugen blinzelnd, oft dasteht, als wäre es wie der Apfelbaum nebenan von selbst aus der Erde gewachsen.«

Die Wiener Weltausstellung 1873 wird ein Kulminationspunkt dieser Bestrebungen. Auf ihr werden nicht nur die Leistungen auf dem Gebiet der Industrie und des Gewerbes präsentiert, sondern aus sämtlichen Ländern der Monarchie auch Produkte der nationalen Hausindustrie und des Hausfleißes gezeigt. Als besonderer Anziehungspunkt der Weltausstellung erwies sich das so genannte Ethnografische Dorf, das aus einer Anzahl originaler Bauernhäuser bestand, die aus den verschiedenen Regionen der Monarchie in das Ausstellungsgelände übertragen worden waren. Der Erfolg dieses ethnografischen Dorfes führte dazu, dass auch bei den folgenden großen Ausstellungen in Krakau (1887), in Lemberg (1894), in Prag (1895) und bei der Millenniumsausstellung in Budapest (1896) stets ländliche Bauten zu besichtigen waren.

Dem offiziellen Bericht über die Weltausstellung von Karl J. Schröer ist allerdings zu entnehmen, dass neben originalen Häusern auch Hausmodelle ausgestellt

Der Dachstuhl des Hakenhof-Modells lässt sich aufklappen | The roof truss of the L-shaped farmhouse model can be opened
(Foto: R. L. Hilgering)

waren. Brigitte Heck weist in ihrer Arbeit über »Volkskunst« und »Vaterländische Altertümer«[1] darauf hin, dass auch in Karlsruhe der Künstler Georg Maria Eckert bereits Ende der siebziger Jahre des 19. Jahrhunderts mit der Herstellung großer Modelle von Häusern oder ganzer Häuserkomplexe begonnen hatte. Eckerts Modellbauten stießen in Museumskreisen auf ein derart großes Echo, dass das Germanische Nationalmuseum in Nürnberg und das von Rudolf Virchow gegründete Museum für deutsche Volkstrachten und Erzeugnisse des Hausgewerbes in Berlin bei ihm Bauernhausmodelle bestellten. Es ist daher nicht weiter verwunderlich, dass Michael Haberlandt, der mit allen Volkskundemuseen in regem Austausch stand, diese Anregung ebenso rasch aufnahm und für sein Museum Hausmodelle zu erwerben begann.

III.

So konnte Michael Haberlandt im Jahr 1898 vom Hallstätter Salinenarbeiter Johann Georg Kieninger (1829–1899), der ein begabter Schnitzer war, mehrere Modelle erwerben: eine oberschlächtige Mühle, eine alpine Brettersäge, eine Dreschscheune und eine Sennhütte. Sein Prunkstück aber bildete ohne Zweifel die freie Nachbildung der Hallstätter Kirche mit einem geschnitzten Hochaltar, einer Fischerkanzel und einer Orgel.

Unter den frühen Erwerbungen ist vor allem auch das Modell eines vollständig eingerichteten bosnischen Wohnhauses hervorzuheben. Nach der Okkupation Bosnien-Herzegowinas hatte es sich nämlich die Wiener Ethnografie zur Aufgabe gemacht, die exotische Kultur dieser Region zu erforschen und bekannt zu machen. Ihr besonderes Interesse galt den Pfahlbausiedlungen an der Save. Im Auftrag von Haberlandt fertigte Vejsil Ćurčić, ein Ethnograf im Landesmuseum von Sarajevo, für das Volkskundemuseum in Wien etliche Modelle solcher Wohn- und Vorratshäuser an, nachdem er in einem Supplementband zur *Zeitschrift für österreichische Volkskunde* 1913 über »Rezente Pfahlbauten von Donja Dolina in Bosnien« darüber berichtet hatte.

An Hand des Inventarbuches lässt sich verfolgen, wie sehr Michael Haberlandt bemüht war, Hausmodelle aus allen Landesteilen der Monarchie für die Sammlung zu erwerben. Dass das mitunter kompliziert und langwierig sein konnte, zeigt die Erwerbung eines Oberösterreichischen Vierkanthofmodells. Zuerst musste nämlich ein geeignetes Objekt gefunden werden. »Um Ihrem Wunsch nach einem alten typischen Hof gerecht werden zu können«, schreibt Gertrud Wimmer-Brunner, die Michael Haberlandt mit dieser Angelegenheit beauftragt hatte, in einem Brief vom 19. Februar 1927, »erlaube ich mir den Vorschlag, den Dopplerhof bei Lambach aufzunehmen und, nachdem er die ursprüngliche Einteilung nicht mehr besitzt, in dem Plan die alte, echte Wohnraumeinteilung darzustellen.«

Dazu macht die Künstlerin Wimmer-Brunner zwei eifrige Mitarbeiter namhaft, den Baumeister Heizinger aus Stadl Paura und den Lambacher Schuldirektor Albert Binna, von dem sie – gleichsam zum Nachweis seiner Kompetenz – eine von ihm verfasste genaue Beschreibung des Dopplerhofes ihrem Schreiben beifügt. Haberlandt dürfte mit diesem Vorschlag einverstanden gewesen sein und kurze Zeit später auch

1 *Beiträge zur Volkskunde in Baden-Württemberg*, 1993, S. 255–296.

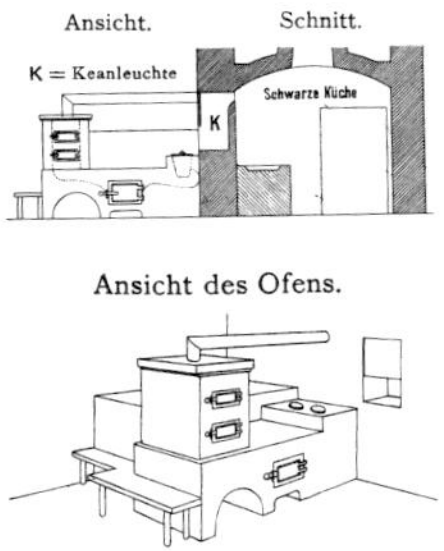

Hakenhof, Großhaid, Ansicht des Ofens und Schnitt durch die »Schwarze Küche« | L-shaped farmhouse, Grosshaid: view of the stove and section of the 'black kitchen'

den Aufmessplan erhalten haben, denn in einem Brief vom 24. Mai 1927 erbittet Gertrud Wimmer-Brunner den Plan zur Erstellung des Modells wieder zurück. Am 4. Oktober 1927 kommt schließlich die Erfolgsmeldung: »Das Bauernhaus ist fertig und ich kann wohl sagen, sehr hübsch ausgefallen.« Allerdings muss sie eingestehen, dass der Preis des fertigen Modells wegen der unvorhergesehen hohen Stundenzahl nicht wie geschätzt 200,– Schilling, sondern laut Rechnung 426,05 Schilling betrage. Was folgt, gleicht einem Pokerspiel zwischen dem Museumsdirektor und dem Erbauer des Modells, Heinrich Muckenhuber aus Lambach, das schließlich nach mehrfachen Interventionen mit einem Kompromiss endet. Das Inventarbuch vermerkt nämlich unter der Inv. Nr 41.080: »Modell eines Bauernhauses: Vierseithof aus der Gegend von Lambach (Originalpläne und Beschreibung vorhanden) Ankauf um 300 Schilling + Verpackungskosten.«

Als Michael Haberlandt mit seiner Sammlung 1917 aus dem Börsegebäude am Ring in das Gartenpalais Schönborn übersiedelte, konnte er die inzwischen beträchtlich vermehrte Anzahl der Bauernhausmodelle endlich in einem eigenen Raum präsentieren. In den Katalogen von 1921 und 1930 findet man sie summarisch aufgelistet. Zur Orientierung und zum besseren Verständnis ergänzte er die Modelle mit Grafiken und mit der Hausformenkarte von Österreich-Ungarn, die von Anton Dachler 1909 erstellt worden war.

IV.

Das Sammeln von Bauernhausmodellen war freilich nur das Ergebnis einer ab der Mitte des 19. Jahrhunderts verstärkt einsetzenden Hausforschung, die mit der Herausgabe des Tafelwerkes *Das Bauernhaus in Österreich-Ungarn und in seinen Grenzgebieten* (1906) einen ersten Höhepunkt erlebte. Den dazugehörenden Textband verfassten Michael Haberlandt und Anton Dachler. Wie diese beiden Namen bezeugen, hatten die Anthropologische Gesellschaft und der Verein für Volkskunde in Wien daran einen maßgeblichen Anteil. Ihre Publikationsorgane, die *Mitteilungen der Anthropologischen Gesellschaft* in Wien und die *Zeitschrift für österreichische Volkskunde* wurden zu einer wichtigen Plattform für die Veröffentlichung der wissenschaftlichen Forschungsergebnisse. In das Netzwerk der Bauernhausforschung waren, wie Oskar Moser in seiner wichtigen Arbeit über »Hundert Jahre Hausforschung in Österreich«[2] aufzeigt, sämtliche Länder der Monarchie eingebunden.

Anders als für Peter Fritz, der mit seinen »Sondermodellen« keinerlei akademische Ambitionen verfolgte, bedeutete die Sammlung und Präsentation der Hausmodelle im Volkskundemuseum für Michael Haberlandt ein wissenschaftlich-didaktisches Anliegen. Sie waren ihm sowohl Ergebnis als auch Quelle der Hausforschung. Und nicht zuletzt Dokumente der Volkskunst.

2 *Österreichische Zeitschrift für Volkskunde*, 1991, S. 329–350.

Franz Grieshofer

MODELS IN THE MUSEUM

The Collection of the Austrian Museum for Folk Life and Folk Art

I.

In the great work on the farmhouse in Austria-Hungary, *Das Bauernhaus in Österreich-Ungarn*, published by the society of Austrian engineers and architects in 1906, one can find a picture of a farmhouse in Grosshaid on page 16 among the illustrations to the chapter on Bohemia. One might suppose the drawing to have been done before the actual subject if it were not for the accompanying reference: "After a model in the Austrian Museum for Folk Life and Folk Art in Vienna." This model really exists in the museum and can be enjoyed as part of the permanent display. On the original label it says that it is a Bohemian Forest farmhouse, No. 49, of the "Wzl. Löffelmann" in Grosshaid, and that it was made to a scale of 1:30 by the self-taught Ignaz Häusler. (*"Böhmerwald-Bauernhof, Nr. 49, des Wzl. Löffelmann in Grosshaid. In* $^{1}/_{30}$ *d. n. Gr. Ausgeführt von Ign. Häusler, Autodidakt daselbst."*)

The model, made with scrupulous exactitude and a love of detail to a scale of 1:30, represents a farmyard dating from the 18th century typical for the region. The building rises from a sloping base and provides a telling insight into the building and construction methods of the time. It is dominated by a large roof which is covered with wooden tiles and crowned with a bell tower and under which the low ground floor ducks. The residential tract at the front faces south and is made of timber, the adjoining stables are brick and the barn, built at a tangent to the rest, is a post and beam construction. The house is entered via a kind of balustrade under the eaves, below the protruding spine of the roof. The "Black Kitchen", black with soot from the open fireplace, takes up a central position to the residential tract in front of the house with its large funnel-shaped chimney pushing through the roof storey. From the protruding residential tract one comes to the main living room and the chamber, that is to say to a small room behind the kitchen from where one can descend a ladder into the cellar dug into the slope. A door also leads from the residential tract to the stables, the floor of which curiously follows the incline of the site.

Bosnisches Wohnhaus, Modellansichten, erworben 1903 | Bosnian house, model, acquired in 1903

This particular feature would have remained hidden from the viewer had the builder of the model, Ignaz Häusler, not made it possible to clap open the roof over the residential and stable tract to provide a view inside the building. This was also the requirement made on Dr. Karplus, who is named as the drawer on the sheet, not only to produce an elevation of the model but also an exact floor plan and a cross-section. He was particular interested in the heating oven in the living room, which he recorded with many of its details.

II.

It was with incredible industry that the museum's founder, Michael Haberlandt, along with colleagues from the society for ethnology (*Verein für Volkskunde*) began in 1895 to collect examples of folk culture from the all over the half of the monarchy beyond the Leitha for a museum of the peoples. His aim was to present for comparison the ethnic peculiarities and artistic expressions of the linguistic cultural nations represented in the *Reichsrat* (parliament) in one exhibition.

Haberlandt sought to compile and interpret from an ethnological standpoint what had begun to interest the Modernists for aesthetic reasons, one need only think of the embroidery pattern collection of Emilie Flöge or the *Alpenhof am Kreuzberg* in Payerbach by Adolf Loos.

It was at that politically and economically overheated time when beside the aristocracy a new middle class without traditional connections was beginning to establish itself. In addition industrialisation was threatening to trample the 'individual'. It became necessary to steer against this by turning towards the simple, rural and original, towards the national. Haberlandt articulated this wish in the accompanying volume to *Das Bauernhaus in Österreich-Ungarn*:

> "Coming from the regular rows of houses in the city and used to the mixture of various building styles as expressed in the modern cityscape, the educated person is doubly receptive for the impression of a primitive residential building, where smoke issues from the doors and that, heavily roofed and blinking through little window eyes, stands there often as if it had grown out of the earth all by itself, just like the apple tree next door."

The Vienna World Exhibition in 1873 acted as a culmination for these efforts. Not only achievements in the fields of industry and trade were presented but also the products of cottage industry and cottage diligence from all of the lands in the realm. The so-called ethnological village proved to be a special attraction at the world exhibition. It consisted of a number of original farmhouses which had been moved to the exhibition grounds from different regions of the monarchy. The success this ethnological village enjoyed led to the continued inclusion of rural buildings in the following great exhibitions in Krakow (1887), in Lemberg (1894), in Prague (1895) and at the millennium exhibition in Budapest (1896).

According to Karl J. Schröer's official report on the world exhibition alongside the original buildings model buildings were also present. In her work on "Folk Art" and "Antiquities of the Fatherland"[1] Brigitte Heck mentions that in Karlsruhe the artist Georg Maria Eckert had already begun to produce large models of buildings and building complexes. Eckert's model buildings found such

Pfahlbau, Donja Dolina (Bosnien-Herzegowina), Modell, erworben 1909 | Building on pile foundations, Donja Dolina (Bosnia-Herzegovina), model, acquired 1909

resonance in museum circles that models were commissioned from him by the Germanic National Museum (*Germanisches Nationalmuseum*) in Nuremberg and the Museum for German Folk Costume and Products of Cottage Industry (*Museum für deutsche Volkstrachten und Erzeugnisse des Hausgewerbes*) in Berlin founded by Rudolf Virchow. It is therefore not surprising that Michael Haberlandt, who maintained a vigorous correspondence with every other ethnological museum, rapidly took up this incitement and began to purchase model buildings for his museum.

III.

In 1898 he was able to purchase several models from the salt miner Johann Georg Kieninger (1829–1899), who was a talented carver from Hallstatt: a water-driven mill, an Alpine plank saw, a threshing barn and an Alpine cheese-maker's hut. His masterpiece was undoubtedly the free representation of the Halstatt church with a carved high altar, a fisherman's pulpit and an organ.

Among the early purchases the model of a completely furnished Bosnian house deserves special attention. After the occupation of Bosnia-Herzegovina Viennese ethnologists made it their task to research and make the exotic culture of the region known. The timber pier-based settlements on the Save were of particular interest for them. Haberlandt commissioned Vejsil Ćurčić, an ethnologist in the Provincial Museum in Sarajevo to produce numerous models of such residential and storage buildings after he had reported on them in a supplementary volume to a magazine for Austrian Ethnology, the *Zeitschrift für Österr. Volkskunde* of 1913 on the "extant buildings on wooden piers of Donja Dolina in Bosnia".

The inventory book clearly shows how Michael Haberlandt made every effort to obtain model buildings from every part of the monarchy for the collection. That this could be complicated and tiresome as well can be seen in the case of a model of an Upper Austrian atrium-based farmhouse. To start with a suitable object had to be found. "In order to satisfy your wish for a typical old farmhouse", writes Gertrud Wimmer-Brunner, to whom Michael Haberlandt had entrusted this task, in a letter dated 19th February, 1927, "I would like to propose using the farmyard with two U-buildings near Lambach and, as it no longer possesses the original arrangement, representing the old division of the living spaces in the plan."

The artist Wimmer-Brunner gives the names of two industrious colleagues, the master builder Heizinger from Stadl Paura and the school director Albert Binna from Lambach, whose exact written description of the farmyard between two U-buildings she attaches to her letter as proof of his competence. Haberlandt must have agreed with the proposal and have also received the survey plan a little later as Gertrud Wimmer asks to have the plan back to produce the model in a letter dated 24th May, 1927. Success was finally reported on 4th October, 1927: "The farmhouse is finished and, I might add, very beautifully done." However she had to admit that the price of the completed model was not the estimated 200 schillings but according to the bill 426.05 schillings due to the unexpectedly high number of hours required. The result of this is comparable with a poker game between the museum director and the model builder, Heinrich Muckenhuber from Lambach, which after numerous

1 *Beiträge zur Volkskunde in Baden-Württemberg*, 1993, pp. 255–296.

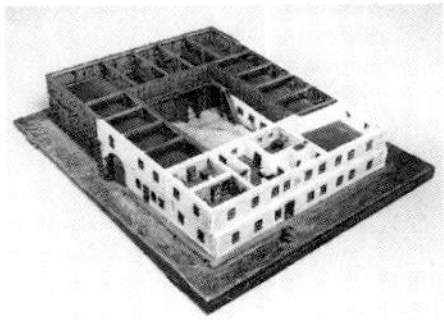

Vierkanthof, Lambach, Modellansichten, 1927 | Atrium-based farmhouse, Lambach, model, 1927

exchanges eventually ends with a compromise. The inventory book has the entry under the inv. no. 41.080: "model of a farmhouse: four-sided court from the region of Lambach (original plan and description existent) purchase at 300 schillings and packaging costs."

When Michael Haberlandt moved with his collection in 1917 from the stock exchange building on the Vienna Ring to the Schönborn garden palace, he could finally exhibit the model farmhouses, which had by then greatly increased in number, in their own room. They are listed in a summary in the catalogues between 1921 and 1930. He augmented the models for the purposes of orientation and better comprehension with illustrations and with a map of the building forms in Austria-Hungary which had been drawn up by Anton Dachler in 1909.

IV.

The collecting of model farmhouses was clearly only the result of increasingly intense research on buildings which began in the middle of the 19th century and experienced its first zenith with the publication of the illustrated work *Das Bauernhaus in Österreich-Ungarn und in seinen Grenzgebieten* (The Farmhouse in Austria-Hungary and its Frontier Regions; 1906). The volume of text belonging to it was compiled by Michael Haberlandt and Anton Dachler. As both these names testify, the Anthropological Society and the Society for Ethnology in Vienna both played a large part. Their publication, the *Mitteilungen der Anthropologischen Gesellschaft* (Reports from the Anthropological Society) in Vienna and the *Zeitschrift für österreichische Volkskunde* (Magazine for Austrian Ethnology) became an important platform for the publication of the results of academic research. All of the countries in the monarchy were included in the network of farmhouse research, a fact shown by Oskar Moser in his important work on *Hundert Jahre Hausforschung in Österreich* (A Hundred Years of Building Research in Austria).[2]

Unlike Michael Haberlandt, for whom the collection and presentation of model buildings in the Museum of Ethnology was a scientific and didactic matter, Peter Fritz exhibits no academic ambitions with his models. They were the result and also the source of building research and not least the documentation of folk art.

2 *Österreichische Zeitschrift für Volkskunde*, 1991, pp. 329–350.

Ingeborg Flagge

DER ALLTAG UND DAS MUSEUM

Einige Gedanken zu einem Problem

»Alles ist Kunst«, hat Joseph Beuys gesagt. Dennoch hat, auch nach allen Diskussionen der letzten 30 Jahre über diese provokante Behauptung, das Alltägliche, das Gewöhnliche oder das Banale nicht den selbstverständlichen Weg ins Museum gefunden. Anders ausgedrückt: das Museum ist keineswegs alltäglich geworden. Weder seinem Selbstverständnis, seinen Ausstellungsinhalten, noch seinen Besucherzahlen nach.

Auch wenn die Besucherzahlen gestiegen sind, auch wenn sich Museumsmensch und Alltagsmensch einander angenähert haben – immer noch umgibt das Museum ein Hauch des Musentempels und der fürstlichen Kunstkammer des 19. Jahrhunderts.

Dies gilt natürlich nicht für alle Typen von Museen. Aber gerade das Kunstmuseum mit seinen klassischen Schätzen und der verbrieften Ästhetik seiner Schaustücke täte sich schwer, in enger Nachbarschaft dazu die Plastiken von gewöhnlichen Hobbybildhauern auszustellen. Dem Wunsch vieler Museumsdirektoren entsprechend, sind Ehrfurcht und die Andacht vor der Kunst immer noch diejenigen Gefühle, die sie bei den Besuchern am stärksten hervorlocken möchten.

Ähnlich ist es in Architekturmuseen. Sie zeigen die allerfeinste Bauqualität, Baukunst vom Erlesensten, durch die Baugeschichte geadelte Baukultur, zeitgenössisch Herausragendes, auf das sich die Kritik geeinigt hat. Aber selten werden alltägliche Bauwelten gezeigt.

Kultur braucht aber Reibung und Auseinandersetzung. Seit der Epoche der Romantik wird Kultur auch als das Nicht-Normierte und das Nicht-Normierbare angesehen.

Wo aber bitte zeigt sich das im Museum? In welchen Ausstellungen ist diese Haltung zu finden?

Wenn Gegensätzliches und Widersprüchliches gezeigt werden, geht es meist um die Illustration von Streitfragen auf hohem Niveau und um stilistische Diskussionen. Das Normale, das Banale oder das Triviale sind selten eine Ausstellung wert. Manchen Museumsdirektor lässt die Existenz von dergleichen erschaudern. Das, was Durchschnittsgeschmack ist,

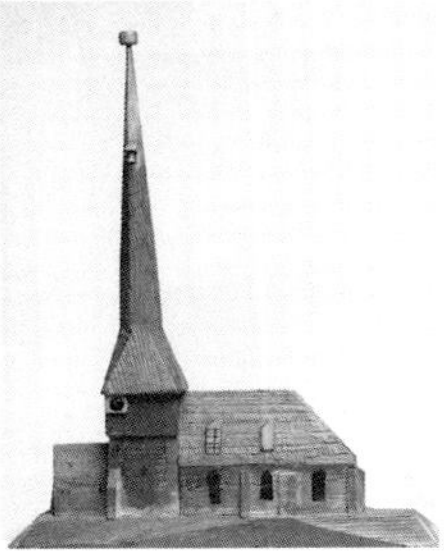

Lyonel Feininger, *Die Stadt am Ende der Welt*, ab 1919 | Lyonel Feininger, *The City at the End of the World*, built after 1919 (Foto: Elke Walford)

muss den Weg ins Museum noch finden. Das Normale und auch das Kitschige haben natürlich ihre Auftritte im Museum, aber meistens um den Preis der Lächerlichkeit oder des Abstrusen. In vielen Museumsshops kann man inzwischen Gartenzwerge erwerben, aber diese sind »geadelt« durch die museale Akzeptanz der Gegenwelt. Auch wenn sich das Alltägliche als besonders hässlich entlarven lässt, gibt es eventuell einen Weg ins Museum. Er heißt *Ästhetisierung des Unschönen*.

Seit der Front der sechziger Jahre gegen etablierte, ästhetische Diktate haben das Schäbige, das Kaputte und das Geschmacklose an Bedeutung und Raum gewonnen. Das Design hat sie als Quelle der Inspiration entdeckt. Kunst aus Abfall und Müll als Fundus sind durchaus Themen für Museen geworden.

Aber akzeptiert werden dergleichen Einfälle meist nur von wenigen Intellektuellen, längst nicht von einer Vielzahl von Menschen, die sich eher auf den Arm genommen fühlen, wenn man ihre gewöhnliche Umwelt ins Museum verfrachtet.

Die Bilder des röhrenden Hirschen, das Sofakissen mit der ordentlichen Delle, die blassblau gekleidete Puppe in Kleinkindgröße auf dem Bett, die trotz Ikea weiterhin existierenden Häkeldeckchen oder die Schrankwand mit Nippes und gänzlich ohne Bücher sind nach wie vor weit verbreitete Gemütsikonen. Und wer mit Herlinde Koelbl in die Wohnzimmer deutscher Politiker hineingeschaut hat, weiß, dass ästhetische Erziehung wenig bewirkt und nach wie vor ein schwieriges Feld ist.

Die Fotografie hat in den letzten zehn Jahren viel dazu beigetragen, das Gewöhnliche als Bemerkenswertes vorzuführen. Auf dem Gebiete der Architektur gibt es immer mehr Fotografen, die sich mit Hinterhöfen beschäftigen, die den Reiz von Ruinen und Baulücken entdecken, die sich in Brandwände verlieben, die unfertige Baustellen ablichten, das Abplatzen von Farbe oder die Zufälligkeiten des Sperrmülls. Das Gewöhnliche als Schock, das Banale als Event: So wird es in Museen zugelassen. In diesem Sinne ist das Alltägliche ein thematischer Fundus.

»Alltag« ist aber ein schwer fassbarer Begriff. Theoretisch ist er nur auf ein Bezugssystem hin bestimmbar.[1]

Für das Individuum sind Geburt, Krankheit, Hochzeit und Tod wichtige Ereignisse, keineswegs aber Alltag.

Für die Gesellschaft bedeuten diese Geschehnisse nichts. Ereignisse sind Krieg, Revolution oder Katastrophen. Auf der höheren Ebene der Welt ist dies wiederum Alltag, nicht aber ein Weltuntergang oder die »urzeitliche Trennung von Land und Wasser«.

Wiederum auf der nächsthöheren Ebene des Weltalls ist noch nicht einmal die Vernichtung der Erde selbst ein besonderer Vorgang, sondern sozusagen kosmisches Alltagsvorkommen.

Der Werkbund schließt daraus: »Es ist daher ›streng genommen‹ unsinnig, den Begriff Alltag in den Mund zu nehmen, wenn man nicht gleichzeitig die Ebene bezeichnet, auf die man sich bezieht. Alltag ist die ständige Wiederkehr des Gleichen im Verhältnis zu einer bestimmten Ebene der Reflexion, der Anschauung oder der Praxis.«[2] Der graue Alltag als Tyrannei der ewigen Repetition des Gleichartigen.

Die zahlreichen Modelle von Alltagsarchitektur, die in diesem Buch behandelt werden, ähneln einander nur

1 Eckhard Siepmann, *Alchimie des Alltags*, Werkbund-Archiv, Giessen 1987, S. 37.
2 Ebd.

Lyonel Feininger, *Die Stadt am Ende der Welt*, ab 1919 | Lyonel Feininger, *The City at the End of the World*, built after 1919 (Foto: Andreas Feininger)

insofern, als sie alle keine »große Architektur« sind, wie sie von Stars erdacht, von Kritikern gefeiert und von Museen gängigerweise ausgestellt wird. Sie sind zu bunt, zu vielfältig, zu naiv, zu idyllisch, zu gemütlich. Der Besucher im Museum weiß angesichts ihrer schieren Zahl auch nicht, wohin er zuerst schauen, wo er anfangen, wo aufhören soll. Jedes Modell ist anders als das nächste und dennoch ähneln sie sich. Einzeln ausgestellt verlören die bunten Häuser vermutlich schnell ihren Reiz. In der Fülle ihrer farbigen Erscheinung jedoch liegt ihre Abstraktion. Als Einzelmodell ist jedes Haus normal, als Menge sind sie von großem Reiz. Nicht das einzelne Original ist interessant, sondern die fantasievolle Farben- und Formenvielfalt aller zusammen. Nicht ihre Vereinzelung in der Ausstellung ist überzeugend, sondern die Menge und die schiere Dichte.

Hugo Borger, der ehemalige Direktor des Römisch-Germanischen Museums in Köln, war meiner Meinung nach der Erste, der den zahllosen, in Köln gefundenen römischen Gläsern den Einzelreiz nahm, indem er die kostbaren Fundstücke zu Tausenden in großen Schränken zusammenfasste und sie in der Gesamtheit ihrer schieren Zahl wirken ließ.

Die Müdigkeit, die oft bei der häufig minimalistischen Ausstellung von Architektur für einen damit nicht professionell Befassten aufkommt, ist bei der Ausstellung dieser Modelle nicht zu erwarten. Jenseits aller Abstraktion verleiten die Exponate die Besucher vermutlich zum lustvollen Betrachten und zum neugierigen Entdecken von Unterschiedlichkeiten oder Mustern. Ermüdung dürfte so schnell nicht angesagt sein, weil die Fülle der Beispiele nicht überfordert oder ein schlechtes Gewissen macht, wenn man nicht jedem Einzelstück die nötige Aufmerksamkeit schenkt. Auf die Schnelle lassen sich viele Häuschen auch mit einem Blick erfassen.

»Museen sind für alle da.«

Das ist richtig, aber alle kommen nicht. Aus ganz unterschiedlichen Gründen.[3] Abgesehen davon, dass Kontemplation nicht jedermanns Sache ist, dass man im Museum auch lachen und nicht unbedingt feierlich flüsternd eine Stunde verbringen möchte, abgesehen davon, dass man nichts anfassen darf und fast überall zu viel Wissen vorausgesetzt wird, um die Exponate zu verstehen und abgesehen davon, dass es selten Stühle zum Sitzen beim Betrachten gibt und die so genannte Objektivität jeder Ausstellung den Alltagsmenschen eher misstrauisch macht – trotz alledem sind Museen und das dort Gezeigte fast immer zu wenig Lust machend und Neugierde weckend.

Aber das ist ein anderes Thema und ein weites Feld.

3 Petra Schuck-Wersig, *Die Lust am Schauen oder müssen Museen langweilig sein?*, Berlin 1986, S. 31 ff.

Ingeborg Flagge

THE COMMONPLACE AND THE MUSEUM

A Few Thoughts on a Specific Problem

"Everything is art", said Joseph Beuys. Nevertheless, even despite all the discussion which has gone on during the past 30 years over this provocative statement, the commonplace, the familiar or the banal has not found its way into museums readily. In other words: the museum has by no means become more ordinary. Neither according to its own definition of itself, the content of its exhibitions, nor the visitor statistics.

Even if the number of visitors has risen, even if the museum person and the average person have come closer to one another, the museum is still pervaded by a hint of the art temple and the imperial treasure trove that it was in the 19th century.

Of course this does not apply to all types of museum. But the exponents of art museums in particular, with their classical treasures and the endorsed aesthetic, would have a hard time being displayed in close proximity to the work of hobby sculptors. In accordance with the wishes of many museum directors, respect for and homage of art are still the feelings that they would like to instil most among visitors. The case is similar in architecture museums. They show the very highest quality building, the most select of the art of architecture, cultivated building ennobled by the history of architecture, contemporary excellence which has been endorsed by the critics. But ordinary architectural environments are seldom shown.

Culture needs friction and profound analysis, though. Since the Romantic era culture has been seen as the un-normed and the un-normable.

But where then is this to be seen in museums? In which exhibitions can this approach be found?

When contrasting and contradictory exponents are shown it is usually to illustrate controversial issues in a high-brow manner and to discuss matters of style. The normal, the banal or the trivial are seldom worth devoting an exhibition to. Some museum directors are disgusted by the very existence of such things. Things which appeal to the average taste still have to find their way into the museum. The normal and the kitsch do of course

Alexander Calder, *Zirkus*, 1927 | Alexander Calder, *Circus*, 1927
(Foto: André Kertész)

appear in museums but usually at the price of being made ridiculous or to appear abstruse. One can now purchase garden dwarfs in many museum shops but these have been 'elevated' by the museum's acceptance of the other world. And when the commonplace is revealed to be particularly ugly there is perhaps a way into the museum. It is called the 'aestheticisation of the not beautiful'.

Ever since the front formed in the 1960s attacking established aesthetic dictates, the tatty, the broken and the tasteless have gained in significance and become more widespread. Design had discovered them as sources of inspiration. Art made of waste and rubbish as the stock of raw materials has become entirely acceptable subject matter for museums.

However such ideas are accepted in the main only by a few intellectuals and in no way by the majority of people, who tend to feel like they are having their legs pulled when their everyday environment is carted into the museum.

The pictures of the belling stag, the sofa cushion with a good dent in it, the doll dressed in pale blue and the size of a small child on the bed, the little crocheted bedspread still extant despite Ikea or the fitted cupboards with their bric-a-brac, completely devoid of books, are still widely spread emotional icons. And anyone who has looked inside the living room of German politicians with the photographer Herlinde Koelbl knows that aesthetic education has little effect and remains a difficult issue.

Over the last ten years photography has contributed greatly to the presentation of the ordinary as extraordinary. There are increasing numbers of photographers in the field of architecture who are interested in backyards, who discover the attraction of ruins and urban wasteland, who fall in love with firewalls, photograph unfinished building sites, peeling paint or chance finds in bulky refuse. The commonplace as shock, the banal as event: this is how it is accepted into museums. In this sense the ordinary is a thematic treasure trove.

'Commonplace' is difficult to define as a term though. Theoretically it is only definable within a system of references.[1]

For the individual, birth, illness, marriage and death are important events but not at all commonplace ones.

For society these occurrences mean nothing. War, revolution or catastrophes are events. In turn these are commonplace on a higher plane but the end of the world or the 'primeval division of land and water' are not.

Once again on the next higher level of the universe the destruction of the world is not even a particularly special event but in a manner of speaking a cosmic commonplace.

The Werkbund concludes from this: "It is therefore, 'strictly speaking', senseless to use the term commonplace if one does not define the level one is referring to at the same time. The commonplace is the continual recurrence of the same in relation to a certain level of reflection, observation or practice."[2] The grey everyday as the tyranny of the eternal repetition of the similar.
The numerous models of ordinary architecture treated in this book resemble one another only in as far as they are all not examples of 'great architecture', as it is conceived by stars, celebrated by critics and typically put on show

1 Eckhard Siepmann, *Alchimie des Alltags.* Werkbund-Archiv, Giessen 1987, p. 37.
2 Ibid.

Alexander Calder, *Das Zirkus-Jahr in New York*, 1929 | Alexander Calder, *Circus Year in New York*, 1929
(Foto: André Kertész)

by museums. They are too colourful, too varied, too naive, too idyllic, too cosy. The museum visitor also does not initially know where to look when faced with their sheer number, where they should start, where they should finish. Each model is different from the next and nevertheless they resemble one another. If they were exhibited individually the colourful buildings would quickly lose their appeal. However their abstraction lies in the extravagance of their colourful appearance. It is not the single original that is interesting but the fanciful variety of colours and forms of all of them together. It is not their singularity which is convincing in the exhibition but their sheer density.

In my opinion Hugo Borger, the former director of the Romano-Germanic museum in Cologne, was the first to remove the singular appeal from the innumerable Roman glasses found in Cologne by putting thousands of the precious finds together in large showcases and letting the total of their sheer number take its effect.

The tiredness often suffered among those who are not professionally involved at the frequently minimalistic exhibitions on architecture is not to be expected at the exhibition of these models. Beyond all abstraction the exhibits will probably entice the visitor into the pleasurable observation and curious discovery of differences or patterns. Weariness will not rapidly set in as the abundance of examples is not highly demanding, nor will the viewer suffer from a bad conscience should they not give the necessary attention to every single object. Many of the buildings can also be taken in with a quick glance.

'Museums are there for everybody.'

This is true, but not everybody comes. For very different reasons.[3] Apart from the fact that not everybody enjoys contemplation, that people would also like to laugh in museums and not necessarily spend an hour in celebrational whispering, that people are not allowed to touch anything and that almost everywhere far too much prior knowledge is expected to be able to understand the exhibits, and apart from the fact that there are seldom observation seats and the so-called objectivity of every exhibition makes everyday people rather suspicious – despite all of this, museums and the things shown inside them almost always generate too little pleasure and incite too little curiosity.

However, that is a different matter and a broad, convoluted issue in itself.

3 Petra Schuck-Wersig, *Die Lust am Schauen oder müssen Museen langweilig sein?*, Berlin 1986, pp. 31ff.

Alexander Markschies

DIE WELT IM KLEINEN

Bemerkungen zur Geschichte der Architekturmodellsammlungen

I.

Einige vielbeachtete Ausstellungen, so etwa die Schau der Renaissancemodelle im Berliner Alten Museum 1995, zeugen von dem in den letzten Jahren gestiegenen Interesse an Architekturmodellen. Annäherungsweise könnte man die Faszination der Miniaturarchitekturen mit Claude Lévi-Strauss erklären, der die »Totalität der Objekte« aufgrund ihrer Verkleinerung als »weniger Furcht erregend« beschrieb.[1]

Die Sammlungen von Architekturmodellen dagegen sind von der Forschung geradezu stiefmütterlich behandelt worden. Als ein erster Versuch sollen im Folgenden ausschnittartig die Funktionen solcher Sammlungen sowie die ihnen zugrunde liegenden Motive diskutiert werden.

II.

Architekturmodellsammlungen bestehen heutzutage meistens nurmehr auf dem Papier, allenfalls werden sie temporär zu Ausstellungen zusammengefasst, um dann wieder aus dem Blick zu schwinden. Nur wenige der großen, über Jahrhunderte gewachsenen Sammlungen, sei es in Augsburg, Berlin, Rom, München, Paris oder anderswo, sind zurzeit dauerhaft dem Publikum zugänglich.

Von vielen Modellsammlungen ist lediglich ein Bericht überliefert. Über die bis zu ihrer endgültigen Zerstörung im Jahre 1943 in Hannover aufbewahrte Modellsammlung der dortigen Hofbauverwaltung heißt es 1848 etwa:

> »Auf dem königlichen Bauhofe noch mehrere große Holzmodelle [...], welche anscheinend eine Wassermaschine darstellen und vermutlich zum Zweck deren Erbauung gemacht sind [...]. Nachbildungen von einer Braupfanne und zwei Bieröfen, mehrere Basreliefs, eine große, zur Betreibung durch Pferde eingerichtete Baggermaschine, ein Schleusenwehr, ein Trockenhaus, ein großes hölzernes Gebäude, eine Maschine zum Wasserheben mittels der Archimedischen Schraube, ein Brückenmodell, ein Lustkahn von chinesischer Form und ein Baggerkahn.

1 Claude Lévi-Strauss, *Das wilde Denken*, Frankfurt/Main 1968, S. 37.

i Wassermaschine, Modell, um 1720 (zerstört) | Water machine, model, circa 1720 (destroyed) (Ehem. Hofbauverwaltung Hannover)

Die übrigen Modelle, teils hölzerne und steinerne Gebäude darstellend, sind so vollständig ruiniert, dass sich, was sie darstellen sollen, speziell gar nicht mehr erkennen lässt.«[2]

In der Bauverwaltung dienten die Modelle vermutlich als Anschauungsobjekte, vielleicht sogar als Vorstudien für die Bauausführung. Da mehrere Modelle der Wassermaschine (**i**) vorhanden waren, darf erwogen werden, dass sie als ein Planungsmedium Verwendung fanden. Aus Platzmangel oder weil sie durch technischen Fortschritt ihre Funktion verloren hatten, wurden sie allerdings zur Belastung und waren damit dem Verfall preisgegeben.

Die Funktion eines Planungsmediums besaßen Architekturmodelle erst seit der Renaissance. Anders als im Mittelalter spielten sie nun bei der Gestaltwerdung von Architektur eine wichtige Rolle. Zuweilen haben sie in dieser Hinsicht die Architekturzeichnung abgelöst, nicht zuletzt, weil sie universeller einsetzbar waren. So konnten an ihnen nicht nur baukünstlerische Phänomene geplant werden, also etwa Raum- oder Lichtwirkungen, sie konnten auch als Grundlage für die Fertigung von Baudetails dienen. Paradigmatisch deutlich wird dies am Baumodell des Palazzo Strozzi in Florenz (**ii**): Neben dem eindrucksvollen Gesamtmodell haben sich zwei Detailmodelle erhalten, anhand derer es möglich war, Alternativvorschläge für die Fassadengestaltung anschaulich zu machen (**iii**). Auch das Innere konnte variiert werden, indem man die Stockwerke einzeln abhob und die Raumdisposition durch hölzerne Trennwände neu strukturierte.

III.

Als einen Sonderfall der Gattung Architekturmodell darf man das Stadtmodell ansprechen, das durch seine Zusammenstellung aus einzelnen Miniaturarchitekturen zugleich eine Modellsammlung bildet: Das früheste nachweisbare Beispiel ist die Miniaturstadt, die aus Anlass der Belagerung Parmas durch Friedrich II. im Jahre 1247 von den Frauen der Stadt gestiftet worden war. Mit Hilfe des Modells sollte der Plan Friedrichs verhindert werden, die oberitalienische Stadt nach der Einnahme zu zerstören und die Bevölkerung in das durch ihn neugegründete Vittoria umzusiedeln. Der Chronist Salimbene de Adam beschreibt es folgendermaßen:

> »Ich sah eine Stadt aus Silber [...], die sie der hl. Jungfrau stifteten. In dieser Miniatur erschienen alle großen und wichtigen Gebäude der Stadt vollständig in Silber, so wie die Hauptkirche, genannt Dom [...]. Das Baptisterium war ebenfalls da und der Bischofspalast und das Rathaus und so viel Gebäude wie notwendig für eine gute Abbildung der Stadt.«[3]

Die funktional wichtigsten Gebäude reichten demnach aus, um die Stadt abzubilden, und damit innerhalb eines religiösen Kommunikationssystems ein Bittzeichen zu konstruieren. Der konkrete Funktionsverlust führte wohl auch hier zur Zerstörung, jedenfalls wurde im Jahre 1673 ein vergleichbares Stadtmodell in der Casa Santa zu Loreto »einem besseren Zweck zugeführt«, weil das aus Gold und Silber gefertigte Modell für »unnütz und überflüssig«[4] erachtet wurde: Es wurde eingeschmolzen. In Soissons hat sich indes ein vergoldetes Stadtmodell – das Einzige dieser Gattung überhaupt – erhalten (**iv**).

2 Instruktion vom 13.12.1848 im Hauptstaatsarchiv Hannover, hier zitiert nach Bernd Adam, »Barocke Architekturmodelle in Norddeutschland und ihre Stellung im Planungsprozeß«, in: Maike Kozok (Hrsg.), *Architektur, Struktur, Symbol. Streifzüge durch die Architekturgeschichte von der Antike bis zur Gegenwart. Festschrift Cord Meckseper zum 65. Geburtstag*, Petersberg 1999, S. 391f.

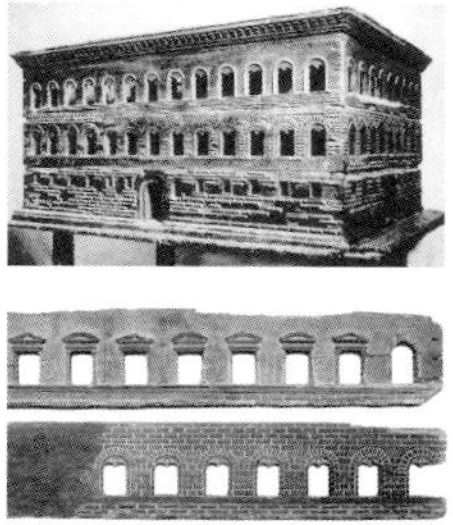

ii / iii Palazzo Strozzi, Florenz, Modell und Detailmodelle, 1489/90 | Palazzo Strozzi, Florence, model and detail, 1489–90 (Museo Nazionale del Bargello, Firenze)

Die Stadt wird hier durch Mauern und acht Kirchenbauten dargestellt. Das Modell zeigt kein realistisches Abbild der Stadt, weil offensichtlich Mauern und Kirchen ausreichen sollten, um Soissons identifizierbar zu machen.

Nur wenige Jahre nach diesem Modell entstanden die Stadtminiaturen des Straubinger Drechslers Jacob Sandtner. Sie werden häufig als die ersten wirklichkeitsgetreuen Stadtporträts gewertet, wahrscheinlich weil sie selbst inschriftlich propagieren, auf der Grundlage von Vermessungen entstanden zu sein. Doch auch in ihnen ist die Stadtgestalt verändert, weil die prominenten Gebäude, etwa Kirchen und Rathäuser, vergrößert sind. Jacob Sandtner hatte diese Modelle, fünf bayerische Städte, zwischen 1568 und 1580 für den bayerischen Herzog gefertigt, darüber hinaus ein Modell der Stadt Jerusalem sowie ein Modell der Insel Rhodos:

> »Ferner zeigen wir an, dass wir die Stadt Rhodos mit Mauer, Schiffen und dem großen Koloss gefertigt haben, in dem Zustand, wie sie zur Zeit, als sie vom Erbfeind, dem Türken, eingenommen worden ist, sich befunden hat; wenn unser gnädiger Fürst und Herr sie haben will, möge er antworten.«[5]

Höchstwahrscheinlich war das Modell jedoch zu teuer, welches laut Hofkammerprotokoll zur Erinnerung an das 1522 von den Türken eingenommene Rhodos gefertigt worden war – jedenfalls gelangte es nicht in die Kunstkammer. Dort wurden die Modelle der bayerische Städte sowie das Jerusalem-Modell zusammen mit den Druckstöcken einer knapp vierzehn Quadratmeter großen Karte des Herrschaftsgebietes ausgestellt (**v**), die Philipp Apian in den Jahren 1556 bis 1568 auf der Grundlage eigener Vermessungen erstellt hatte. Mit den Modellen und der riesigen Karte wurde das Herrschaftsgebiet des Herzogs erfasst und visualisiert – für den Besucher war damit eine virtuelle Reise durch das Herzogtum möglich. In dieser Programmatik ist die Sammlung der Sandtnerschen Stadtmodelle unvergleichlich.

IV.

An ein anderes Publikum wandten sich die Sammlungen von Korkmodellen, detaillierte Wiedergaben antiker Architektur, die der Erinnerung an die klassische Bildungsreise dienen sollten oder diese vorbereiteten. Erhalten haben sich Bestände in Darmstadt, Aschaffenburg, Kassel, Gotha sowie Schloss Drottningholm in Schweden. Wie sich durch Fotografien belegen lässt, wurden Korkmodelle auch in den Modellsammlungen der Technischen Hochschulen aufbewahrt (**vi**). Obwohl die Forschung hier erst am Anfang steht, darf man vermuten, dass diese Sammlungen der historischen Schulung von Architekturstudenten dienten.

Und auch in öffentlichen Museen wurden Architekturmodelle präsentiert: So enthielt eines der ersten, das Museo Clementino in Rom (ab 1704), von Beginn an Architekturmodelle. Unter anderem wurden hier die Baumodelle von St. Peter gezeigt. Ein weiteres Beispiel für eine derartige Form der Sammlung war das Augsburger Rathaus. Hier befand sich im Mezzanin über dem Goldenen Saal eine Modellkammer, in der unter anderem die verschiedenen Projektstufen der Entwürfe für den Neubau des Rathauses aufbewahrt wurden. Später ging die Sammlung in die Museumsbestände über (**vii**).

3 Fra Salimbene, *Cronica*, hrsg. von O. Holder-Egger, Hannover 1905–08, S. 196 (= *Monumenta Germaniae Historica, Scriptores*, Bd. 32).

4 Horatio Tursellinus, *Lauretanae historiae libri V*, Venedig 1727, S. 387, hier zit. nach Ronald Lightbown, »Ex-votos in Gold and Silver. A Forgotten Art«, in: *Art Bulletin*, 121, 1979, S. 353.

5 Hofkammerprotokolle 1580 im Hauptstaatsarchiv München, hier zit. nach Reitzenstein, S. 10.

iv Stadtmodell Soissons, 1560 | Model of Soissons, 1560
(Musée Municipal, Soissons)

v Jacob Sandtner, Stadtmodell München, 1570 | Jacob Sandtner, model of Munich, 1570
(Bayerisches Nationalmuseum, München)

Von gänzlich neuer Qualität und Quantität ist schließlich die Sammlung von Josef Mohen, denn dieser schuf in einem Zeitraum von über zwanzig Jahren 700 Holzmodelle französischer Kunstdenkmäler, von der Steinzeit bis zur Gegenwart. Zweck war offenbar die Dokumentation des »kulturellen Gedächtnisses« der Nation. Mohen lebte zwischen 1818 und 1895 in Châlons-en-Champagne und war dort als Arzt tätig. Über sein Leben ist relativ wenig bekannt. Man weiß lediglich, dass er sich als Arzt vor allem um die medizinische Versorgung von Findelkindern verdient gemacht hat und Vorsitzender der ornithologischen Galerie war. Die Ablehnung seiner Kandidatur für den Vorsitz der lokalen Gelehrtenvereinigung darf man als Anlass dafür werten, dass sich Mohen ganz und gar dem Modellbau widmete. Erhalten hat sich nur noch ein kleiner Teil der Sammlung, sieben antike Denkmäler, elf Verwaltungsgebäude, ein Museum, eine Synagoge, eine russisch-orthodoxe Kirche sowie schließlich 79 katholische Kirchen (**viii**). Die Modelle entstanden auf der Grundlage einer fotografischen Dokumentation, laut Mohen im Maßstab 1:100. Ziel war die getreue Kopie der Bauten, man darf vermuten, bei den Kathedralen nicht zuletzt aus Zwecken der Dokumentation nach den Erfahrungen der Zerstörungen durch die Französische Revolution.

V.

Die Beispiele solcher Modellsammlungen ließen sich vermehren. Der Versuch, die Überlieferungen zusammenzuführen, würde sich jedoch stets mit dem Grundproblem einer nur dürftigen Dokumentation jeder Architekturmodellsammlung konfrontiert sehen.

Literatur:

Hellmut Hager: »Clemente XI, il museo dei modelli della Reverenda Fabbrica di S. Pietro e l'origine del museo architettonico«, in: *Rivista storica del Lazio*, 5, 1997, S. 137–183.

Werner Helmberger u. Valentin Kockel (Hrsg.): *Rom über die Alpen tragen. Fürsten sammeln antike Architektur. Die Aschaffenburger Korkmodelle*, Landshut 1993.

Alexander Markschies: *Gebaute Pracht. Der Palazzo Strozzi in Florenz 1489–1534*, Freiburg 2000.

Andrew John Martin: »Stadtmodelle«, in: Wolfgang Behringer u. Bernd Roeck (Hrsg.): *Das Bild der Stadt in der Neuzeit 1400–1800*, München 1999, S. 66–72.

Alexander Freiherr von Reitzenstein: *Die alte bairische Stadt in den Modellen des Drechselmeisters Jacob Sandtner, gefertigt in den Jahren 1568–1574 im Auftrag Herzog Albrechts V. von Bayern*, München 1967.

Hans Reuther u. Ekhart Berckenhagen: *Deutsche Architekturmodelle. Projekthilfe zwischen 1500 und 1900*, Berlin 1994.

Berthold Schwanzer: *Architektur-Modelle und Sammlungen*, Wien 1994.

Max Tauch (Hrsg.): *Französische Kathedralmodelle*, Neuss 1998.

Alexander Markschies

THE WORLD IN MINIATURE

Notes on the History of the Architectural Model Collection

I.

Some renowned exhibitions, for example the exhibition of Renaissance models in the Altes Museum in Berlin in 1995, testify to an increased interest in architectural models in recent years. This fascination with miniature architecture could be explained with the words of Claude Levi-Strauss, who described the "totality of the objects" as "less terrifying" due to their reduction in size.[1]

In contrast, collections of architectural models have been quite ignored. The following is intended as the first attempt to discuss the function of such collections and the fundamental motivations lying behind them.

II.

Architectural model collections primarily exist only on paper nowadays, at best they are brought together temporarily for exhibitions only to disappear from sight again. Only a few of the large collections amassed over the centuries are at present permanently open to the public, whether in Augsburg, Berlin, Rome, Munich, Paris or anywhere else.

Many model collections have only survived in records. The model collection of the department of works to the court of Hannover and housed there until its final destruction in 1943 is recorded as follows:

> "At the royal department of works still more large wooden models [...], which appear to represent a water machine and apparently made for the purpose of building it [...] Representations of a brewing pan and two beer vats, several bas-reliefs, one large horse-powered dredger, a sluice weir, a drying house, a large wooden building, a water-lifting device using an Archimedean screw, a model bridge, a pleasure barge in the Chinese style and a barge for dredging. The other models, representing in part wooden and stone buildings, are so completely ruined that it is no longer possible to recognise what they are supposed to represent."[2]

The models served as objects for study at the department of works, perhaps even as preparatory studies for the erection of the building. As there were a number of

1 Claude Levi-Strauss, *Das wilde Denken*, Frankfurt/Main 1968, p. 37.
2 Instruction of 13th Dec. 1848 in the *Hauptstaatsarchiv* (State Archive) in Hannover, here quoted from Bernd Adam, 'Barocke Architekturmodelle in Norddeutschland und ihre Stellung im Planungsprozess', in: *Architektur, Struktur, Symbol. Streifzüge durch die Architekturgeschichte von der Antike bis zur Gegenwart. Festschrift Cord Meckseper zum 65. Geburtstag*, ed. Maike Kozok, Petersberg 1999, pp. 391ff.

vi TU München, Modellsaal, 1917 | Munich Technical University, model hall, 1917
(Technische Universität München)

vii Maximilianmuseum, Augsburg, Modellkammer, um 1931 | Maximilianmuseum, Augsburg, model chamber, circa 1931
(Städt. Kunstsamml. Augsburg)

models of the water device (**i**), it may be assumed that these models were used as a planning medium. However, they became an encumbrance due to a lack of space or because technical progress had made them redundant, and they were left to decay.

Architectural models first functioned as a planning medium from the renaissance. In contrast to the Middle ages they played an important role in the architectural process. From time to time they have taken over from architectural drawing in this respect, not least because they were more universally employable. They could not only be used to plan architectural factors such as spatial and lighting effects but also serve as a basis for the completion of building details. This becomes paradigmatically clear in the building model of Palazzo Strozzi in Florence (**ii**): Besides the impressive model of the whole building two detail models have survived which show the alternative suggestions for the design of the facade (**iii**). The interior could also be changed by lifting the floors individually and restructuring the arrangement of the space with wooden screen walls.

III.

A special form of architectural model might be mentioned, the city model. It is a grouping of individual miniature pieces of architecture making up a collection of models: the earliest datable example would be the miniature city which was endowed by the women of Parma in commemoration of the siege of the city in 1247 by Friedrich II. With the help of this model Friedrich's plan to destroy the Upper Italian city after its fall and to move the population to his newly founded Vittoria was to have been hindered. The chronicler Salimbene de Adam describes it as follows:

> "I saw a city of silver [...] which they endowed to the Holy Virgin. All of the large and important buildings of the city appeared in silver in this miniature, along with the main church, called the cathedral. [...] The baptistery was also there and the Bishop's Palace and the town hall and as many buildings as were necessary for a good representation of the city."[3]

The most important functional buildings were apparently enough to represent the city and so to construct a petitionary symbol within a religious system of communication. The loss of concrete function also led to destruction here, in any event in 1673 a comparable city model in the Casa Santa at Loreto was "given a better purpose", as the model of gold and silver was judged to be "useless and redundant":[4] it was melted down. However, a gilded city model, probably the only one of its kind anywhere, has still survived in Soissons (**iv**). The city is represented by walls and eight churches. The model is not a realistic depiction of the city as the walls and churches were obviously seen as enough to identify it with Soissons.

Only a few years after this model the turner Jacob Sandtner from Straubing created his miniature cities. They were the first to be appreciated as realistic city portraits, probably because, as their inscriptions proclaim, they are based on a foundation of measurements. However they too alter the form of the city as the prominent buildings, the churches and town hall, for instance, are enlarged. Jacob Sandtner produced these models, five Bavarian cities, between 1568 and 1580 for the Duke of

3 Fra Salimbene, *Cronica*, ed. O. Holder-Egger, Hannover 1905–08, p. 196 (= *Monumenta Germaniae Historica, Scriptores*, vol. 32).

viii Josef Mohen, Kathedrale Saint-Pierre, Montpellier, 19. Jh. | Josef Mohen, Saint-Pierre Cathedral, Montpellier, 19th century (Musée Garinet, Châlons-en-Champagne)

Bavaria as well as a model of the city of Jerusalem and a model of the island of Rhodes:

> "Furthermore we show that we have produced the city of Rhodes with walls, ships and the great Colossus in the condition it was at the time when it was taken by the arch-enemy, the Turk; if our liege Prince and Lord desires it, he need only say." 5

The model, made according to court records to commemorate Rhodes, which was taken by the Turks in 1522, was in all probability too expensive though, in any case it did not find its way into chambers of the collection of art and curiosities. The models of the Bavarian cities as well as that of Jerusalem were exhibited there along with the printing blocks for an almost fourteen-square-meter-large map of the realm (**v**), which had been made by Philipp Apian between 1556 and 1568 based on his own measurements. The models and the enormous map encompassed and visualised the realm of the Duke, providing visitors with a virtual journey through the Dukedom. This programmatic nature renders Sandtner's models unequalled.

IV.

The collections of cork models, detailed replicas of antique architecture, were directed at a different public, serving to recall classical educational tours or as preparation for them. Examples have survived in Darmstadt, Aschaffenburg, Kassel, Gotha as well as at Drottningholm Castle in Sweden. There is photographic evidence that cork models were also housed in the model collection at technical colleges (**vi**). Although research is still in its infancy here, it can be assumed that these collections were for the historic education of architecture students.

Architectural models were also presented in museums. One of the first to possess architectural models from the very start was the Museo Clementino in Rome (from 1704). The construction model of St. Peter's was on show here among others. A further example of such a collection was at the town hall in Augsburg. It had a model chamber on the mezzanine floor, above the Golden Hall, where among other things the various project stages in the design of the new building for the town hall were kept. The collection became part of the museum's collection (**vii**).

The Josef Mohens collection is of a totally new quality and quantity as he created over 700 wooden models of French monuments of art from the stone age to the present over a period of more than twenty years. The intention was clearly to document the 'cultural memory' of the nation. Mohen lived between 1818 and 1895 in Châlons-en-Champagne where he worked as a doctor. Relatively little is known about his life. We only know that he was well regarded above all for the medical care of foundlings and was director of the ornithological gallery. The rejection of his candidature for the chair of the local society of academics can be considered as occasioning him to completely devote himself to his private hobby, model building. Only a small portion of the collection has survived, seven antique monuments, eleven administrative buildings, a museum, a synagogue, a Russian Orthodox church as well as 79 Catholic churches (**viii**). According to Mohen the models were made from photographs to a scale of 1:100. The exact replication of the buildings was the aim and it can be presumed that in the

4 Horatio Tursellinus, *Lauretanae historiae libri V*, Venice 1727, p. 387, here quoted from Ronald Lightbown, 'Ex-votos in gold and silver. A Forgotten Art', in: *Art Bulletin* 121, 1979, p. 353.

5 Records from the court privy protocols 1580 in the Munich state archive, here quoted from Reitzenstein, p. 10.

Der Modellhausforscher Hans Reuther, Frontispiz in Hans Reuther, *Deutsche Architekturmodelle*, Berlin 1994 | Hans Reuther, researcher into model buildings, frontispiece for Hans Reuther, *Deutsche Architekturmodelle*, Berlin 1994

case of the cathedrals the intention was to document them after the experience of their destruction following the French revolution.

V.

Examples of such model collections could be increased. An attempt to encompass everything that has come down to us would however only be confronted with the fundamental problem of every architectural model collection's sparse documentation.

Literature:

Hellmut Hager: 'Clemente XI, Il museo dei modelli della Reverenda Fabbrica di S. Pietro e l'origine del museo architettonico', in: *Rivista storica del Lazio* 5, 1997, pp. 137–183.

Werner Helmberger and Valentin Kockel (eds.): *Rom über die Alpen tragen. Fürsten sammeln antike Architektur. Die Aschaffenburger Korkmodelle*, Landshut 1993.

Alexander Markschies: *Gebaute Pracht. Der Palazzo Strozzi in Florenz 1489–1534*, Freiburg 2000.

Andrew John Martin: 'Stadtmodelle', in: Wolfgang Behringer and Bernd Roeck (eds.): *Das Bild der Stadt in der Neuzeit 1400–1800*, Munich 1999, pp. 66–72.

Alexander Freiherr von Reitzenstein: *Die alte bairische Stadt in den Modellen des Drechselmeisters Jacob Sandtner, gefertigt in den Jahren 1568–1574 im Auftrag Herzog Albrechts V. von Bayern*, Munich 1967.

Hans Reuther and Ekhart Berckenhagen: *Deutsche Architekturmodelle. Projekthilfe zwischen 1500 und 1900*, Berlin 1994.

Berthold Schwanzer: *Architektur-Modelle und Sammlungen*, Vienna 1994.

Max Tauch (ed.): *Französische Kathedralmodelle*, Neuss 1998.

Fritz-Forschung | Fritz Studies

Fritz hinterließ mit den betitelten Dia-Serien eine genaue Dokumentation seiner Umgebung. Erst nach der Durchsicht dieses Dia-Materials war es möglich, das Sommerhaus und damit eine Nachbarin aufzuspüren, mit deren Hilfe es schließlich gelang, die 387 Modelle Peter Fritz zuzuschreiben. Auch Fritz' Umgang mit den Modellen ist auf mehreren Dias festgehalten: Die Häuser stehen ohne Zusammenhang als Menge von Einzelstücken für sich. Das Annaberg-Dia (24) ist ein einmaliger Sonderfall: Hier werden einige (frühe und nicht mehr erhaltene) Häuser dem selbst gestalteten Urlaubsplakat vorangestellt, als seien sie ein Fazit oder ein Vorgriff auf die Reise. Auf den Urlaubs-Dias sind zwar Architektur- oder »Haus«-Motive zu finden, ihr Anteil ist jedoch gering.

Fritz left a precise piece of documentation of his surroundings behind him with the titled series of slides. Only after this slide material had been looked through could the summerhouse be traced and then the neighbour whose help finally made it possible to attribute the 387 models to Peter Fritz. Fritz's treatment of the models has also been recorded on several slides: the buildings make up a group of single pieces with no connection existing for themselves. The Annaberg slide (24) is a uniquely special case: here some early and no longer extant buildings are placed in front of a self-designed holiday poster as if they were taking stock, or in anticipation of the trip. Some architecture or 'building' motifs are to be found on the holiday slides but their number is modest.

Bildlegende S. 39–41 | Illustrations pp. 39–41

1–6 Wohnung im 5. Wiener Gemeindebezirk | Apartment in the 5th District of Vienna

7–11 Arbeitsplatz in der Bundesländer-Versicherung, Schwedenplatz, Wien | Workplace in the Bundesländer-Versicherung insurance company, Schwedenplatz, Vienna

12, 13 »Preisschnapsen«, Bundesländer-Versicherung | Competition card playing, Bundesländer-Versicherung

14–20 Sommerhaus Oberpetersdorf (Burgenland) | Oberpetersdorf (Burgenland) summer house

21–31 Urlaub in Annaberg (Salzburg), Ostern 1965 | Holiday in Annaberg (Salzburg), Easter 1965

32–41 Urlaub in Tristach (Osttirol), 1970 und 1971 | Holiday in Tristach (East Tyrol), 1970 and 1971

20 Peter Fritz

26, 33 Peter Fritz' Ehefrau | Peter Fritz's wife

34 Peter Fritz' Arbeitskollegin | One of Peter Fritz's colleagues

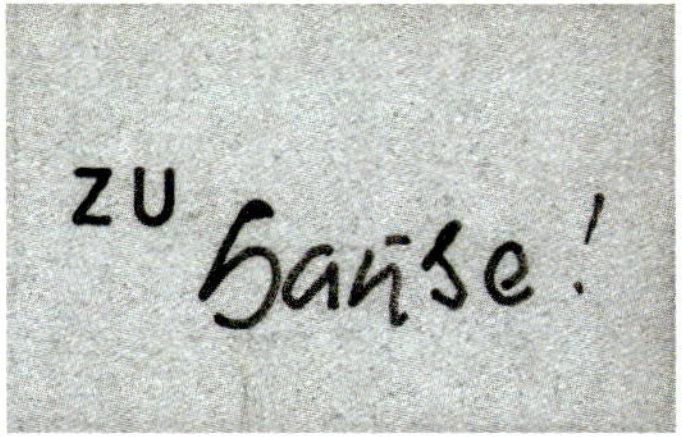

1

2

3

4

5

6

7

8

9

10

11

12

13

14

15

16

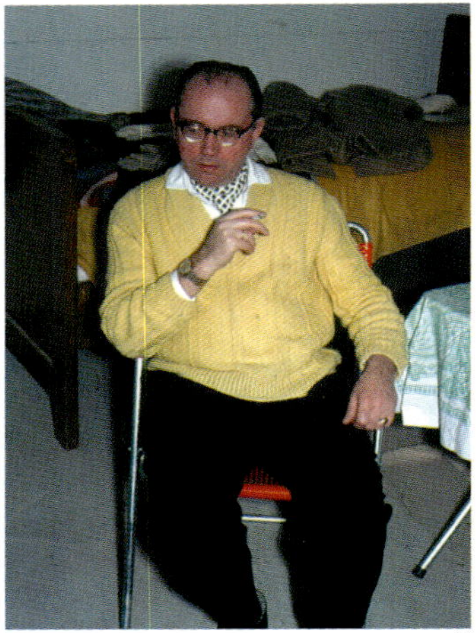
20

17

18

19

24

21

22

23

25

26

27

28

29

30

31

32

36

33

34

35

37

41

38

39

40

Bauherrensuche | Looking for Clients

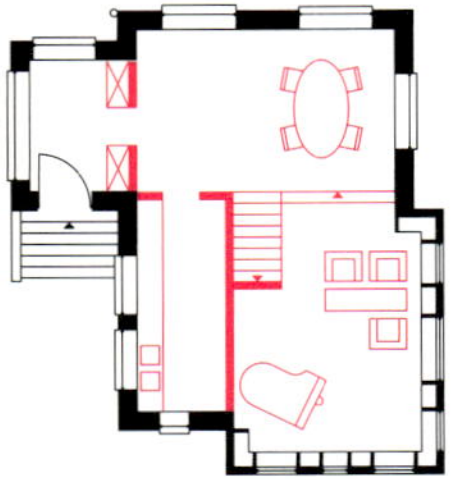

Haus Nr. 72, Erdgeschoss | House No. 72, ground floor

Bei den bisherigen Ausstellungen bestand mit vielen Besuchern Einigkeit darüber, dass einige der Peter Fritz'schen Entwürfe so wegweisend sind, dass sie ohne Veränderungen realisiert werden könnten. Die Herausforderung bestünde darin, die spezifische Sprache der Modelle aufzunehmen und in gebaute, »echte« Architektur zu übersetzen, wobei dem Inneren besondere Bedeutung zukommt, da dieses mangels Vorgaben häufig interpretiert werden muss.

Zwar sind bei vielen Häusern die Innenräume kaum vorstellbar (S. 47). Aber gerade im oft merkwürdigen Charakter der Häuser ist eine Architektur angelegt, die nicht banal und einfach zu entschlüsseln ist, sondern einem »Fiktionalismus« folgt, wie ihn Heinrich Klotz als Gegenbewegung zum Funktionalismus forderte.

Das Haus Nr. 72 ist ein geeignetes Beispiel. Es ist ein kleines Siedlungshaus in einer ungewöhnlichen Farbe, die jedoch einen gelungenen Kontrast zum Flechtwerk des Balkons und zum holzverkleideten Erker setzt. Der Erker greift um die Ecke und wirkt daher wie »hineingeschoben« in das kompakte Volumen des Hauses. Die im Vergleich zu dem nebenstehenden »normalen« Fenster sehr kleinen Öffnungen erwecken den Eindruck, dass der Erker auf seiner Innenseite als Bücherwand ausgeführt ist, in deren Gefache die kleinen Fenster integriert sind.

Many visitors to previous exhibitions agreed that some of the Peter Fritz designs were so ground-breaking that they could be realised without any alteration. The challenge was in adopting the specific language of the models and translating it into built 'real' architecture, where particular significance was given to the interior as this more often than not has to be interpreted due to the lack of instructions.

In fact the interiors of many buildings are difficult to imagine (p. 47). However it is actually in the often strange character of the buildings that a form of architecture exists which is neither banal nor easy to decode but follows more of a 'fictionalism' in the form promoted by Heinrich Klotz as a counter movement to functionalism.

House No. 72 is a suitable example. It is a small housing estate dwelling in an unusual colour which nevertheless successfully contrasts with the interlacing of the balcony and the timber clad oriel. The oriel clutches around the corner and seems to have been shoved into the compact mass of the building. In relation to the neighbouring 'normal' windows, the very small openings create the impression that the oriel has been executed as a wall of book shelves inside, and that the small windows have been integrated into its shelves.

HIER BAUEN WIR FÜR SIE
EIN EINFAMILIENHAUS
MIT GROSSZÜGIGER
BIBLIOTHEK
INTERESSENTEN MELDEN SICH BITTE UNTER
WWW.BAUHERRENSUCHE.COM

KATALOG | PLATES

Schrebergartenhäuser | Allotment Buildings

Einfamilienhäuser | Single-Family Houses

Einfamilienhäuser mit Nebengebäuden | Single-Family Houses with Annexes

Villen | Villas

Berghütten | Alpine Buildings

Bauernhöfe | Farmyards

Mehrfamilienhäuser | Apartment Buildings

Mehrfamilienhäuser mit Nebengebäuden | Apartment Buildings with Annexes

Schulen | Schools

Amtsgebäude | Municiple Buildings

Bürogebäude | Office Buildings

Bankgebäude | Banks

Kaufhäuser | Department Stores

Schwimmbäder | Public Swimming Baths

Produktionsgebäude | Workshops & Factories

Lagerhäuser | Warehouses

Feuerwehrhäuser | Fire Stations

Mühlen | Mills

Bahnhöfe | Railway Stations

Wartehäuschen | Bus Shelters

Bahnbetriebsgebäude | Railway Buildings

Tankstellen | Petrol Stations

Burgen | Castles

Gasthäuser | Taverns

Pensionen & Hotels | Guest Houses & Hotels

Vergnügungsstätten | Leisure Facilities

Seilbahnstationen | Cable-Car Stations

Geisterbahn | Ghost Train

Kirchen | Churches

Vermisst | Untraced

B Unterseite der Bodenplatte | Underside of base

Schrebergartenhäuser | Allotment Buildings

Herausgeschnitten aus einer Laubenkolonie stellt sich die windschiefe Hütte in die imaginäre Reihe kleinbürgerlicher Robinsonaden. Wie bei den Herren Crusoe und Schreber vorgedacht, so finden wir auch hier eine Urhütte von brüchiger Einfalt. Mit einer Dichte an *points de vues* allerdings, die nur von außen konstruiert sein kann. Acht verhangene Fenster, zwei geschlossene Türen, ein Markisenvordach, zwei Sonnensegel, zwei ungewöhnlich lange Balkone, ein markant zugespitztes Dach, ein riesiger Kamin – alle Proportionen sind so verschoben, dass das Innere kaum vorstellbar scheint. Die Accessoires suggerieren auffällig viel Wärme: Einmal meint man die Einwirkung einer sengenden Sonne zu spüren, die vielfältigen Schutz erfordert, ein anderes Mal die Erwartung eines frostigen Winters, dem nur mit einem enormen Kamin begegnet werden kann.

Nicht-funktional betrachtet, befindet sich die Komposition aller Details in völligem Gleichgewicht, wird die umzäunte Hütte zum durchkonstruierten Bild – zum Sinnbild für einen »aussichtsreichen« Zufluchtsort. Funktional betrachtet jedoch ist die Hütte ein skulpturales Ensemble, dessen Unbewohnbarkeit offensichtlich ist. Alles scheint auf eine konspirative Situation hinzudeuten – als sei die Hütte nur ein getarnter Eingang zu einer unterirdischen Fälscherwerkstatt, als solle deren harmlose Erscheinung von Eklatanterem ablenken.

Cut out of a colony of summer houses, the wind-bent hut stands in an imaginary row of middle-class Robinsonesque shacks. As is to be expected of Mr Crusoe and allotment holders, we also find a primitive hut of fragile simplicity here. With a density of viewpoints, however, which can only be construed from outside. Eight curtained windows, two closed doors, a canopied porch, two sun shades, two unusually long balconies, a strikingly pointed roof, an enormous chimney – every proportion is so contorted that it hardly seems possible to imagine the interior. The accessories markedly suggest a great deal of warmth. Sometimes one can feel the effect of a scorching sun demanding a range of protective measures, at other times the anticipation of a frosty winter which can only be encountered with an enormous chimney.

The composition of every detail is perfectly balanced when considered in a non-functional way and the fenced hut becomes a well-constructed image – an emblem of a 'panorama rich' retreat. However, when seen functionally the hut is a sculptural ensemble the inhabitability of which is obvious. Everything seems to point to a conspiratorial situation – as if the hut was only a camouflaged entrance to an underground forger's workshop, as if its harmless appearance was supposed to distract attention from something far more sensational.

BITTERMANN&DUKA

156
7.0 x 5.0 x 7.0 cm

243
7.0 x 7.0 x 5.0 cm

100
11.0 x 7.0 x 7.5 cm

135
15.5 x 5.0 x 4.5 cm

171
13.5 x 10.0 x 5.0 cm

345
6.0 x 7.0 x 6.0 cm

116
9.0 x 5.0 x 9.0 cm

Einfamilienhäuser | Single-Family Houses

Ein Bekenntnis zum Bungalow! Große Blumenfenster, dünne Natursteinapplikationen, flaches Satteldach, holzverschalter Giebel, kecke Schornsteingruppen – alles proklamiert eine bedingungslose Botschaft der Modernität. Alles erzählt von der unendlichen Zukunft der sechziger Jahre. Zeitlich exakt und eindeutig bestimmbar. Das gab es nicht in den fünfziger und nicht in den siebziger Jahren. Aber warum sitzt der Bungalow auf einem Sockelgeschoss? Über eine Außentreppe erreichbar. Hilflos instabil auskragend, von nur einer Stütze unzulänglich gehalten. Darunter ein Sockelgeschoss unbestimmter Nutzung. Hochwassergegend? Einliegerwohnung, von einem entwertenden Durchgang durchstoßen? Jedenfalls eine bemerkenswert surrealistische Innovation der typologischen Verschmelzung des damals konventionellen »Stockhauses« der Häuslbauer mit dem avantgardistischen »Bungalow« der Reichen. Auf einem mehrschichtigen Natursteinsockel, der wiederum mit dem schwebenden Bungalow eine klammernde Verbindung herstellt. So war sie, die Zeit damals. Inkonsequent modern. Zwei Häuser in einem. Sowohl als auch. Und alle Fenster sind mit Vorhängen verschlossen. Die plakative Verweigerung der potenziellen Offenheit. Eine bis heute gültige kulturpolitische Diagnose der österreichischen Gesellschaft: Modern scheinen, aber es nicht wirklich sein.

A declaration of belief in the Bungalow! Large flower windows, an application of thin natural stone, flat pitched roof, timber-clad gable, cheeky chimney stacks – everything proclaims an unconditional message of modernity. Everything tells of the interminable future of the 1960s. Temporally exact and clearly definable. This did not exist in the 1950s and not in the 1970s. But why does the bungalow rest on a base level? It can be reached via steps outside. Projecting out in a helplessly unstable manner, held up inadequately by just one support. Below is a base level of uncertain use. A flood region? A granny flat, penetrated by a tellingly devaluing corridor? In any case it is a noteworthy surreal innovation of the typological fusion of the then conventional two-up two-down of the do-it-yourself builder with the avant-garde bungalow of the rich. It rests on a multi-layered natural stone base which creates a clamping connection to the floating bungalow. That is how the times were then. Inconsistently modern. Two houses in one. Both of these at the same time. And every window is sealed with curtains. The blatant refusal of potential openness. A cultural diagnosis of Austrian society still valid today: appear to be modern, but do not really be so.

DIETMAR M. STEINER

126
16.0 x 11.5 x 9.0 cm

110
13.5 x 13.5 x 8.0 cm

91
13.0 x 13.0 x 7.0 cm

11
14.0 x 16.0 x 10.0 cm

73
17.0 x 13.0 x 10.0 cm

93
17.0 x 14.0 x 11.5 cm

98
11.0 x 12.5 x 10.5 cm

309
20.0 x 14.0 x 8.5 cm

81
14.0 x 9.5 x 8.0 cm

152
13.5 x 10.5 x 11.0 cm

254
14.5 x 12.0 x 8.5 cm

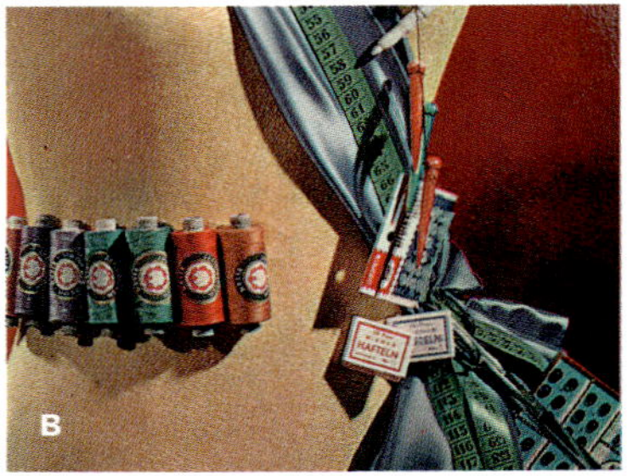

141
20.0 x 15.0 x 10.0 cm

148
18.5 x 12.5 x 10.0 cm

237
7.0 x 10.5 x 6.5 cm

26
14.0 x 12.5 x 11.0 cm

207
17.0 x 10.0 x 8.5 cm

53
19.0 x 11.5 x 7.0 cm

172
19.0 x 12.0 x 8.5 cm

75
15.0 x 13.0 x 12.0 cm

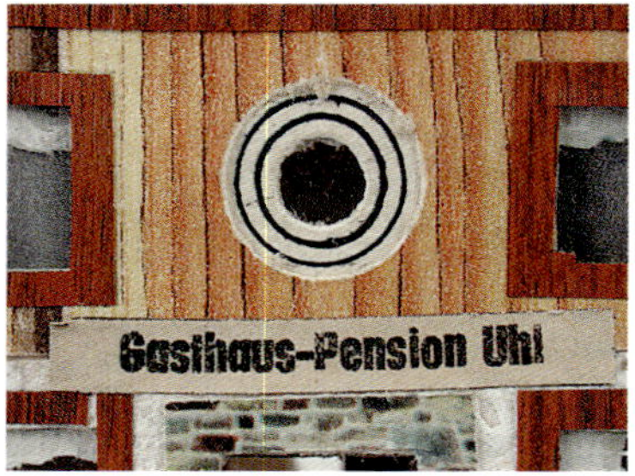

65
11.5 x 8.0 x 11.5 cm

95
17.5 x 12.0 x 12.5 cm

40
16.0 x 12.0 x 12.0 cm

72
12.0 x 13.0 x 12.0 cm

115
11.0 x 7.0 x 8.0 cm

28
10.5 x 8.5 x 8.5 cm

43
17.0 x 13.0 x 11.0 cm

38
15.0 x 14.0 x 15.0 cm

68
14.0 x 9.5 x 9.0 cm

27
15.0 x 12.0 x 10.0 cm

25
9.5 x 13.0 x 10.0 cm

127
8.5 x 7.5 x 7.0 cm

209
9.0 x 8.5 x 7.0 cm

134
8.0 x 8.0 x 9.5 cm

179
10.0 x 11.0 x 8.0 cm

225
10.0 x 9.0 x 9.0 cm

257
10.0 x 10.0 x 9.0 cm

173
11.0 x 11.0 x 11.5 cm

277
8.0 x 10.0 x 10.0 cm

154
11.5 x 9.0 x 10.0 cm

80
13.0 x 10.0 x 9.0 cm

104
11.0 x 5.5 x 7.0 cm

26
9.5 x 13.0 x 10.0 cm

317
13.0 x 9.0 x 9.5 cm

57
13.0 x 7.5 x 7.5 cm

247
13.5 x 9.0 x 9.0 cm

218
13.5 x 15.0 x 10.5 cm

250
11.0 x 11.0 x 9.0 cm

189
13.0 x 12.0 x 11.0 cm

334
10.0 x 12.0 x 12.0 cm

253
13.0 x 14.0 x 11.5 cm

242
10.0 x 8.0 x 8.0 cm

190
12.5 x 8.5 x 8.5 cm

155
12.0 x 9.0 x 10.0 cm

263
11.0 x 16.0 x 11.0 cm

300
17.0 x 12.0 x 11.0 cm

311
19.0 x 17.0 x 8.0 cm

359
8.0 x 11.5 x 9.5 cm

16
15.0 x 14.0 x 10.0 cm

2
17.5 x 13.0 x 11.5 cm

271
11.5 x 9.5 x 9.0 cm

97
14.5 x 18.0 x 14.0 cm

Einfamilienhäuser mit Nebengebäuden | Single-Family Houses with Annexes

Ich kenne alle Häuser, die Herr Fritz erbaute. Denn ich habe sie alle bewohnt. Ich kenne all ihre Winkel, von der Bauernstube im Keller bis zum Dach, dessen ideale Neigung der ganzen Gasse Gesprächsstoff gab. Ich kenne alle Häuser des Herrn Fritz, weil sie alle von meiner Mutter geplant wurden, von einem Chor von tüchtigen Müttern, die emsige Väter mit Broschüren, Zeitungsausrissen und planerischen Volksweisheiten versorgten. Neulich erst stellte meine Mutter befriedigt fest, dass ihre Bad/Klo/Speis-Grundrisslösung von 1954/55 erstens von den Nachbarn übernommen wurde, zweitens besser war als alles, was Baumeister hätten vorschlagen können und sich drittens bis heute bewährt hat. Spätestens beim ersten Anbau mit Flachdach wurde der Megatrend zum Panoramafenster erkannt. Und dass die günstigsten Materialien sowieso stets die schönsten sind, war von Anfang an leitender Lehrsatz in Richtung Material-Mix. Ich sehe den ornamenthaften Einsatz von Steinplatten im Sockelbereich und denke an die Mäuerchen, die zwecks aparter Niveausprünge quer durch den Garten gezogen wurden. Verlegung und Verfugung waren tückisch, und immer noch hängen aufgeregte Rufe im Gebüsch: »Wo ist die Wasserwaage?«, »Der Beton ist zu dünn!«. Die Modelle des Herrn Fritz sind stumme Leistungen. Aber sie sind prall gefüllt mit kollektivem Palaver und sprudelnden Fachdiskursen, mit akribischer Anschauung und reicher Erfahrung.

I know all the houses that Peter Fritz built. Because I have lived in all of them. I know them from all angles, from the rustic dining area in the cellar to the roof, and the perfection of the angles provided the whole street with something to talk about. I know all Fritz's houses because they were all planned by my mother, by a chorus of diligent mothers providing the busy fathers with brochures, bits of newspaper and down to earth planning platitudes. Only recently she was satisfied to find out firstly that her solution for the floor plan of her bathroom/lavatory/pantry of 1954–55 had been copied by her neighbours, secondly that it was better than anything that the architects could have proposed and thirdly that it had proved its worth to this day. The mega trend of the picture window was recognised with the first flat roof extensions at the very latest. And the fact that reasonable materials are always the most beautiful was the leading premise in the direction of mixing materials. I see the ornamental use of stone slabs at the base and think of the small walls which run through the garden. They were treacherous to lay and dispose, and excited calls still hang about the shrubs: "Where's the spirit level?" "The cement is too thin!" Peter Fritz's models are silent achievements. They are nevertheless full to bursting with collective palaver and bubbling professional discourse, with meticulous observation and a wealth of experience.

WOLFGANG KOS

235
21.0 x 15.0 x 9.0 cm

B

41
20.0 x 12.0 x 12.0 cm

24
21.0 x 14.0 x 11.0 cm

62
18.0 x 13.0 x 10.0 cm

66
20.0 x 14.5 x 9.0 cm

63
17.5 x 14.0 x 9.0 cm

112
18.0 x 11.5 x 9.5 cm

137
18.5 x 13.0 x 11.5 cm

185
19.5 x 15.0 x 13.5 cm

387
19.0 x 17.0 x 11.5 cm

343
19.0 x 12.0 x 13.0 cm

199
13.5 x 10.5 x 6.5 cm

240
14.0 x 13.0 x 8.0 cm

217
18.0 x 11.0 x 8.5 cm

201
17.0 x 10.0 x 9.0 cm

268
8.0 x 11.5 x 12.0 cm

276
19.0 x 16.5 x 12.0 cm

290
11.0 x 12.0 x 11.0 cm

298
18.0 x 12.0 x 13.0 cm

338
20.0 x 10.5 x 12.0 cm

106
17.0 x 13.0 x 9.5 cm

339
18.0 x 13.0 x 11.0 cm

74
22.0 x 11.0 x 10.0 cm

71
18.0 x 12.0 x 10.5 cm

342
14.0 x 10.5 x 9.0 cm

224
12.5 x 6.0 x 7.0 cm

286
15.0 x 10.0 x 10.0 cm

245
16.0 x 11.5 x 12.0 cm

195
17.5 x 13.0 x 11.5 cm

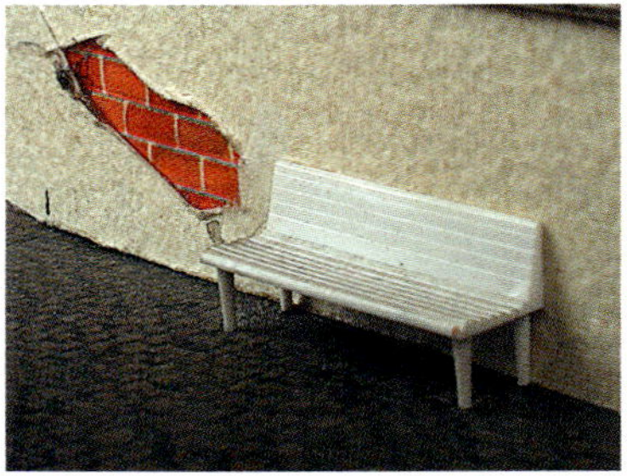

222
19.0 x 9.5 x 10.0 cm

Villen | Villas

Haus Nr. 238 zählt zu den größeren Gebäuden im Werk von Peter Fritz. Der zweigeschossige Bau ist als Flügelanlage im 45-Grad-Winkel errichtet und wird von einem Sockel gesäumt, der kleine Terrassen- und Vorplatzflächen einfasst. Durch Vorhang- und Gardinengestaltung sind Erd- und Obergeschoss teilweise als Wohnungen markiert. Einige Fenster hingegen – insbesondere an der Außenseite des Gebäudes – bleiben leer oder scheinen in ihrer Ausarbeitung unvollendet zu sein.

Die Zuordnung in die Kategorie der Villen ist problematisch. Es handelt sich um ein durchaus geräumiges Gebäude, dessen unprätentiöses Äußeres allerdings, ebenso wie die Proportionierung und Verteilung der Fensterflächen, auf mehrere getrennte Nutzungseinheiten schließen lässt. Das Anwesen einer ländlichen Großfamilie – drei Generationen unter einem Dach? Oder wurde eine öffentliche Funktion integriert? Beherbergt der rechte Flügel des Erdgeschosses den Sitz der Winzergenossenschaft, einen Gemeindesaal oder die Gesellschaftsräume einer Gastwirtschaft? Anstelle der sonst häufig verwendeten Namens- und Werbetafeln setzte Peter Fritz eine spirituelle Botschaft auf die Fassade. Der Text deutet auf eine religiöse Haltung hin: Sicherheit, Zuversicht und Trost an einem modernen, schlicht und funktional entworfenen Ort.

House No. 238 numbers among the largest buildings in Peter Fritz's oeuvre. The two storey building is a wing construction erected at a 45° angle and is surrounded by a base incorporating small terraces and forecourt areas. The ground and upper floors are in part clearly marked as apartments by curtain arrangements. Some of the windows on the other hand, especially on the outer side of the building, remain empty or their decoration still appears to be awaiting completion.

Categorisation as a villa is problematic. It is a very spacious building, the unpretentious exterior of which as much as the proportioning and arrangement of its window surfaces suggests several separate units. The residence of an extended rural family with three generations under one roof? Or has a public function been integrated? Does the right tract house a vintner's co-operative, a community hall or the social rooms of a country pub? Peter Fritz has placed a spiritual message on the facade instead of the otherwise common name or advertising hoardings. The text refers to a religious attitude: surety, hope and consolation for a place designed simply, functionally and in a modern manner.

SUSANNE TITZ

238
24.5 x 7.0 x 7.0 cm

60
16.0 x 16.0 x 11.5 cm

22
14.0 x 13.0 x 11.0 cm

Berghütten | Alpine Buildings

Jorn und Vera waren den ganzen Tag in der Hütte geblieben. Sie prosteten uns aus dem Wohnzimmer durch das Panoramafenster zu, als wir die Stufen zur kleinen betonierten Eingangsterrasse hinaufstiegen. Ich bewegte mich sehr vorsichtig mit meinen klobigen Stiefeln und den geschulterten Skiern durch den Schnee, um möglichst bald an dem mächtigen Holzbalken, der selbst nur mühsam den Balkon stützte, Halt zu finden. Ursprünglich hatte Claudias Onkel das Haus als Sommersitz erbaut, doch seit hier die Lifte in Betrieb waren, lag es mitten in einem modernen Wintersportgebiet.

Die geländerlose Treppe führte auf eine kleine Brücke, unter der man nur gebückt hindurchgehen konnte. Wie die kleine Vorplatzmauer, war die Brücke mit großen Sandsteinquadern verblendet, die damals beim Abriss des alten Postamtes im Ort angefallen waren. Unter dieser Brücke zweigte ein Kriechgang ab und durchquerte den Gebäudesockel, der sich im unbehauenen dunkelgrauen Fels der Gegend zeigte. Dort parkte oft der Sportwagen von Harry, während beispielsweise mein Jeep dort keinen Platz gefunden hätte.

Claudias Onkel hatte diesen Tunnel in Hangrichtung geplant, um der Wucht auf das Haus herabstürzender Lawinen vorzubeugen. Es war eine Art Überdruckkanal, durch den die Schneemassen im Notfall schießen sollten. Dass dabei wahrscheinlich die Eingangstreppe mit ins Tal gerissen würde, nahm er in Kauf.

Jorn and Vera stayed in the hut the whole day. They raised their glasses to us from the living room through the picture window as we climbed the steps to the small concrete entrance terrace. I moved cautiously through the snow in my heavy boots and with skis on my shoulder to gain a hold as soon as possible on the large wooden beam, itself only providing support for the balcony with difficulty. Claudia's uncle had originally built the house as a summer retreat but since the lifts went into operation here it has been in the middle of a modern winter sports region.

The unrailed stairs led to a small bridge beneath which you could only walk doubled up. The bridge, just like the low coping, was clad with sandstone blocks which had turned up when the old post office was being demolished. A low corridor issued from under this bridge and passed through the base of the building which presented the unhewn rock of the region. Harry's sports car was often parked there while my jeep, for instance, never got a look in. Claudia's uncle had planned this tunnel in the direction of the slope to reduce the force of an avalanche crashing down on the house. It was a kind of pressure valve through which masses of snow should have shot in an emergency. That the entrance stairs would in all probability have been swept into the valley too was quite acceptable.

JESKO FEZER

315
14.0 x 12.0 x 9.5 cm

187
13.0 x 10.0 x 9.0 cm

111
12.0 x 12.5 x 8.5 cm

Bauernhöfe | Farmyards

Bei der Analyse der Sondermodelle ist man mit der Tatsache konfrontiert, dass sich Fantasie und Realität vermengen. Das trifft auch auf das Modell Nr. 216 zu, das den Typus des Paarhofes verkörpert.

Seine beiden Gebäude sind mit der Giebelfront zur Straße ausgerichtet und durch eine Mauer verbunden, die den Blick in den Hof verwehrt. Das Wohnhaus ist zweigeschossig und – wie man aus der verwendeten Tapete für die Fassade erschließen kann – aus Steinen aufgemauert. Es hat ein steiles Satteldach und ist traufseitig zu begehen. Das parallel dazu errichtete Wirtschaftsgebäude umfasst den Stall und darüber den Bergeraum für das Futter. Dieses Gebäude ist gleichfalls gemauert, wobei das Mauerwerk im Obergeschoss nur an den Ecken hochgezogen ist. Die restliche Wand ist verschalt. Diese Maßnahme dient der Durchlüftung des Bergeraumes, der vom Hof mit einer Außentreppe erreicht werden kann. Hier ist dem Modellbauer übrigens ein Konstruktionsfehler unterlaufen, denn die Treppe mündet direkt vor der Hofmauer. Eigenwillig ist auch der Verbindungssteg, der den Hof überspannt.

Es ist durchaus möglich, dass es ein derartiges Gehöft gibt. Die Ausführung macht es jedoch eher unwahrscheinlich. Eine regionale Zuordnung ist daher schwierig. Auszuschließen sind der alpine Westen und der pannonische Osten. Paarhöfen dieser Art wird man am ehesten im Zentralraum Österreichs begegnen.

When analysing these particular models one is confronted by the fact that fantasy and reality mix. This is also true of model No. 216, embodying the form of a farm with two buildings.

Both its buildings face the street with their gabled fronts and are connected by a wall which shields the courtyard from view. The residential building has two storeys and (as can be judged from the wallpaper used on the facade) is built in stone. It has a steep pitched roof and can be accessed on the side with the eaves. The outbuilding lies parallel and incorporates the stables or cowsheds and storage for feed above. This building has the same walls, whereby the walls on the upper storey are raised only at the corners. The rest of the wall is clad. This measure serves to air the storage space, which can be reached from the yard by stairs outside. The model maker made a construction mistake here by the way, the stairs start right in front of the courtyard wall. The interconnecting footbridge across the yard is also unconventional.

It is entirely possible that such a farm exists. The way that it is constructed makes this rather unlikely though. Identification with a specific region is therefore difficult. The Alpine west and the pannonic east must be excluded. Farms of this type are usually to be found in central Austria.

FRANZ GRIESHOFER

216
23.0 x 9.5 x 10.0 cm

202
20.0 x 13.0 x 9.0 cm

128
30.0 x 12.0 x 12.0 cm

44
12.5 x 14.5 x 9.5 cm

244
13.0 x 16.5 x 9.5 cm

299
11.0 x 19.0 x 10.0 cm

Mehrfamilienhäuser | Apartment Buildings

Im Fenster hängt der grobe Druck einer Jalousie, die zwischen den Rasterpunkten den kahlen Wipfel eines Wintergeästs erahnen lässt. Nervös gleiten Daumen und Zeigefinger von oben ins Bild und kleben einen Zeitungsschnipsel mit dem Wort »Modefrisuren« in fetten Lettern über die Szene. Unsicher hält er die buntgescheckte Hauswand unter das kalte Licht der Kellerlampe. Das Haus steht mit seinem Grund aus fester Schaufensterpappe auf dem Schuhkarton, gegen den eine Flut von Kram anbrandet. Jetzt wird alles gut. Er muss nichts mehr ausmessen. Alles hat sich wie von selbst gefügt. Ohne aufzublicken versenkt er den Pinsel im Leimtopf und schmiert aufgeregt den Rücken mit Kleister ein. Er presst das junge Stück mit beiden Händen an die Seite, hält den Atem an und verharrt eine Weile regungslos auf seinem Stuhl.

Nach dem Abendessen geht er noch einmal in den Keller. Dort unten sind Annas Küchengeräusche nur noch ein Glucksen im Abwasserrohr. Er zieht ein Bier aus der Kiste, wendet sich dem Tisch zu und schaut das Haus in aller Ruhe an. Die kleine bunte Ecke, die das flache Halbrund mit dem großzügigen Schriftzug »Teppichfabrik Karl Eybl« seitlich abschließt, gibt dem nüchternen Bau eine freundliche Note. Bevor er wieder nach oben geht, verschwindet er in einem dunklen Nebenraum, wo er das Haus zu den anderen legt.

The crude print of a blind hangs in the window allowing only an impression of the bare tree tops of winter branches between the points of its grid. A thumb and forefinger slip into the image from above and stick a newspaper cutting with the word *Modefrisuren* (hairstyles) in bold type across the scene. He holds the colourful checked wall tentatively under the cold light of the cellar lamp. The building stands on strong display card, on a shoe box against which a flood of junk is lapping. Now everything is going to be alright. He does not have to measure anything anymore. Everything slotted into place by itself. Without looking up he dips the brush into a pot of glue and excitedly smears the back with it. He presses the new piece on its side with both hands, holds his breath and pauses for a while, stock still on his chair.

He goes back to the cellar after supper. Down there Anna's kitchen noises are only glugs in the drainpipe. He pulls a bottle of beer out of the crate, turns to the table and takes a good look at the building. The small colourful corner finishing one side of the flattened semicircle with the large sign *Teppichfabrik Karl Eybl* (Karl Eybl carpet factory) provides the sober building with a friendly note. Before going upstairs again he disappears into a dark storeroom to put the building with the others.

THORSTEN PLATZ

233
15.0 x 15.0 x 13.0 cm

312
16.5 x 12.5 x 14.0 cm

4
22.5 x 11.0 x 15.0 cm

294
15.5 x 12.0 x 18.0 cm

226
16.0 x 10.0 x 18.0 cm

278
32.0 x 16.0 x 14.0 cm

55
21.0 x 14.0 x 12.0 cm

56
23.0 x 13.0 x 8.5 cm

122
17.0 x 14.5 x 11.0 cm

210
12.0 x 8.5 x 6.0 cm

166
16.5 x 15.0 x 11.5 cm

197
16.5 x 14.5 x 12.0 cm

157
17.0 x 13.5 x 10.5 cm

59
15.5 x 10.5 x 11.0 cm

285
11.5 x 13.0 x 10.0 cm

99
23.0 x 12.0 x 11.5 cm

193
21.0 x 15.0 x 10.0 cm

211
13.0 x 8.0 x 9.0 cm

158
16.0 x 13.5 x 10.5 cm

20
21.0 x 15.0 x 12.5 cm

251
18.0 x 13.0 x 11.5 cm

89
19.0 x 14.5 x 11.5 cm

145
14.0 x 16.0 x 11.5 cm

340
13.0 x 13.0 x 11.5 cm

164
23.5 x 15.0 x 10.5 cm

35
20.0 x 14.5 x 11.0 cm

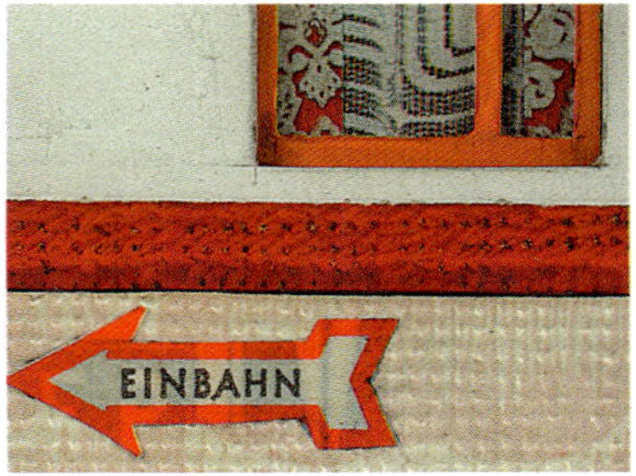

17
20.0 x 14.0 x 11.0 cm

31
26.0 x 16.0 x 12.5 cm

204
15.5 x 17.0 x 11.5 cm

132
14.0 x 11.0 x 13 0 cm

113
16.5 x 12.0 x 12.0 cm

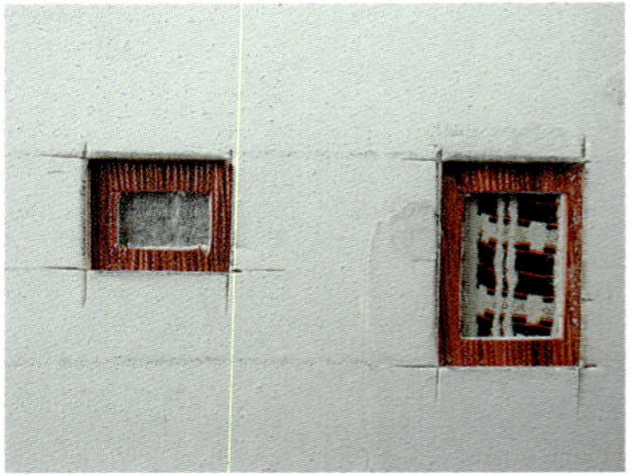

142
13.5 x 11.0 x 12.0 cm

7
17.0 x 11.0 x 10.0 cm

42
17.0 x 16.0 x 12.0 cm

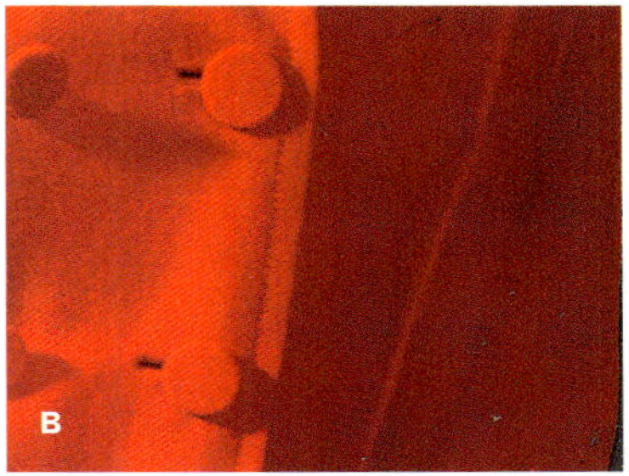

215
18.0 x 12.0 x 10.5 cm

15
14.0 x 11.5 x 12.0 cm

49
14.5 x 10.5 x 11.5 cm

14
12.5 x 10.0 x 12.0 cm

6
20.0 x 14.0 x 12.5 cm

206
15.0 x 15.0 x 12.0 cm

289
15.0 x 13.0 x 11.5 cm

120
14.0 x 17.0 x 11.0 cm

188
12.0 x 13.0 x 9.0 cm

213
15.5 x 10.5 x 12.0 cm

48
10.5 x 13.5 x 10.5 cm

336
13.0 x 13.5 x 11.5 cm

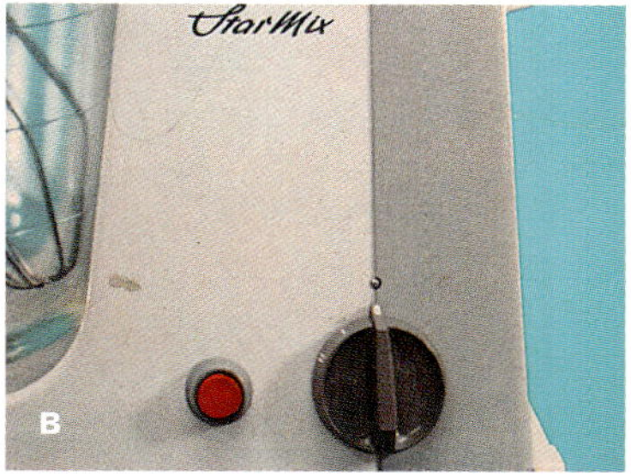

B

46
13.0 x 14.5 x 12.0 cm

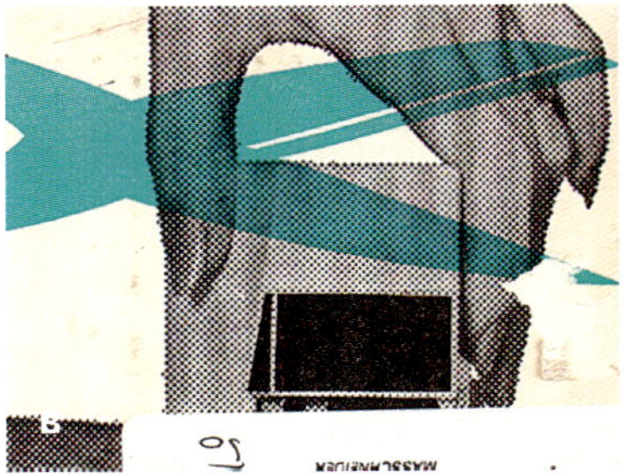

50
14.5 x 10.5 x 9.5 cm

51
14.0 x 14.0 x 10.0 cm

139
10.0 x 10.0 x 11.0 cm

176
14.0 x 14.0 x 11.5 cm

296
16.5 x 13.0 x 13.0 cm

302
16.0 x 14.0 x 11.5 cm

295
17.0 x 10.0 x 11.0 cm

292
13.0 x 16.0 x 13.0 cm

287
14.5 x 14.0 x 11.0 cm

34
13.0 x 12.0 x 11.0 cm

Mehrfamilienhäuser mit Nebengebäuden | Apartment Buildings with Annexes

»Der unbehauste Mensch« – keine Metapher dürfte die Zeitstimmung nach dem Zweiten Weltkrieg so auf den Punkt gebracht haben wie Hans Egon Holthusens Formulierung. Mochte sie auch auf den Verlust der transzendentalen Geborgenheit gezielt haben, so gaben ihr erst die kriegszerstörten Städte das ruinöse Pathos und den schicksalhaften Schliff. Aus allen schützenden Konstruktionen entlassen, den geistigen wie den baulichen, stand der Mensch nun im Freien und fror körperlich wie seelisch. Mit dem Buchtitel *Shelter, Sign and Symbol* hat der Architekturanthropologe Paul Oliver die elementaren Funktionen des Hauses prägnant zusammengefasst, und seither weiß man, wessen der unbehauste Mensch entbehrt, nämlich nicht nur der räumlichen Geborgenheit, sondern auch der »Lesbarkeit der Welt«. So ist es kein Zufall, dass einer der großen Staatsmänner des 20. Jahrhunderts, der mutige Anti-Imperialist Michail Gorbatschow, seine politische Vision in die Gestalt eines Gebäudes kleidete: Das »europäische Haus« sollte am Ende des 20. Jahrhunderts, in dessen Mitte »Europa in Trümmern« gelegen hatte, zur versöhnlichen Adresse werden. Schon lange vor ihm hatte freilich ein unscheinbarer Wiener Versicherungsbeamter seine Lösung des existenzial-architektonischen Dilemmas gefunden und dabei *en passant* Rainer Maria Rilkes berühmtes Diktum widerlegt: Wer jetzt kein Haus hat, baut sich Modelle.

"The unhoused being" – no other metaphor could have described the mood of the times after the Second World War more precisely than that of Hans Holthusen. If it was aimed at the loss of transcendental security as well, it was the cities destroyed in the war that first gave it the ruinous pathos and fatal final polish. People now stood outside and froze physically as well as psychologically, turned out of every protective construction, mental as well as built. The architectural anthropologist Paul Oliver concisely summarized the elementary functions of a building with the book title *Shelter, Sign and Symbol*, and ever since it has been known what unhoused beings have lacked, namely not only spatial security but also the 'legibility of the world'. It is therefore no accident that one of the greatest statesmen of the 20th century, the courageous anti-imperialist Mikhail Gorbachev, dressed his political vision in the form of a building: the 'European house' was intended to become a conciliatory address at the end of the 20th century, in the middle of which Europe had lain 'in rubble'. Long before him an insignificant Viennese insurance clerk had in fact found his solution to the existential architectural dilemma, disproving Rainer Maria Rilke's famous dictum *en passant* at the same time: anyone who does not have a house now builds themselves models.

WALTER GRASSKAMP

174
18.5 x 13.0 x 12.0 cm

61
21.0 x 13.0 x 10.0 cm

105
23.0 x 13.0 x 11.0 cm

36
23.0 x 12.5 x 10.0 cm

37
25.0 x 12.0 x 13.0 cm

288
14.5 x 15.5 x 13.0 cm

280
19.0 x 14.5 x 12.0 cm

231
17.0 x 12.0 x 12.0 cm

314
21.0 x 13.5 x 13.0 cm

281
15.0 x 14.0 x 11.5 cm

220
15.0 x 14.0 x 11.0 cm

102
15.5 x 14.5 x 11.5 cm

121
19.5 x 10.5 x 12.0 cm

282
20.0 x 12.5 x 10.0 cm

241
21.0 x 11.0 x 8.0 cm

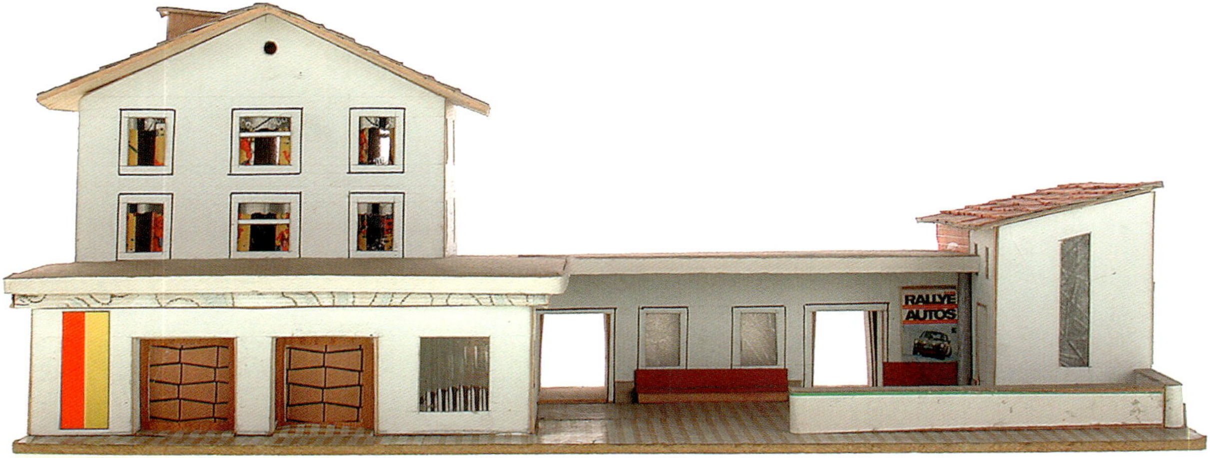

103
31.0 x 16.0 x 11.5 cm

297
11.0 x 13.5 x 10.0 cm

124
23.0 x 14.0 x 11.0 cm

76
21.0 x 12.0 x 12.0 cm

167
16.0 x 11.5 x 9.0 cm

107
19.0 x 30.0 x 13.0 cm

29
19.0 x 12.0 x 9.5 cm

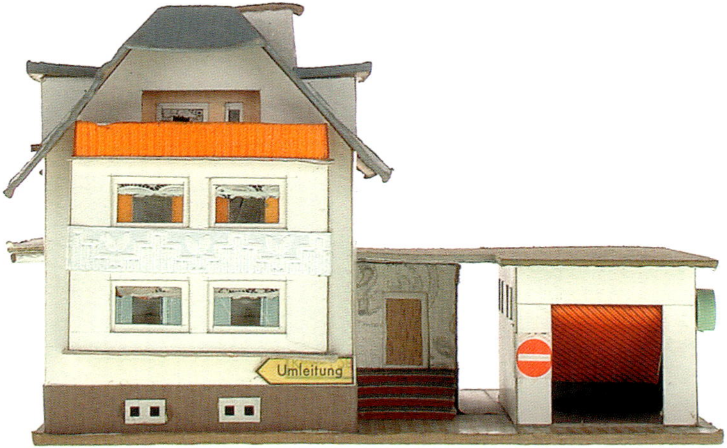

214
18.5 x 14.0 x 12.0 cm

177
17.5 x 14.0 x 14.0 cm

307
19.0 x 17.0 x 13.0 cm

Schulen | Schools

Die Liebenswürdigkeit dieser Unrealschule liegt offenbar in der Unschärfe, in der Beiläufigkeit, die ein solches Modell gegenüber einem denkbaren Bau darstellt. Vielleicht ist so die Erinnerung beschaffen, das »passive Gedächtnis«, das wieder erkennt, ohne den Gegenstand wirklich begriffen zu haben. Ein Schulbau vielleicht, ein Realgymnasium? Ein kommunales Amtshaus, eine »Post«, ein Bahnhofshotel, natürlich in der Nähe einer Grenze? Ein Bau der zwanziger, der deutschen fünfziger, der Kärntner sechziger Jahre? Provinzielle Architektur, nicht unbedingt aus der Provinz. Oder Heimatschutzarchitektur, zur Gedankenlosigkeit erstarrt?

Der Reiz des Modells liegt in seiner Distanz zur Vollkommenheit, im So-als-ob, in der Erinnerung an verklärte Tristesse, in der Sehnsucht nach dem »Normalen«, das so bockig banal dasteht. Das ganze mit 387 multipliziert, das ist ein ästhetischer Quantensprung, da schlägt die Poesie der unerfüllten Wünsche zu, da werden Kinderträume wach, da fühlt sich jeder irgendwie schmunzelnd überlegen und behaglich zuhause. Wer hier nicht alle Kriterien ablegt, den bestraft die Geschichte. Die Geschichte eines besessenen oder gar liebenswürdigen Bastlers.

The endearing quality of this unreal school obviously lies in the unsharpness, the casualness that such a model represents in contrast to a conceivable building. Perhaps it invokes a recollection, the 'passive memory', which recalls without actually having comprehended the object. A school building, a grammar school perhaps? A municipal building, a post office, a railway station hotel close to a border naturally? A building from the 1920s, the German 1950s, the Carinthian 1960s? Provincial architecture that does not necessarily come from the provinces. Or nationalist *Heimatschutz* architecture petrified into thoughtlessness?

The model's appeal is its distance from perfection, in the as if, in the reminder of transfigured dreariness, in the yearning for the 'normal' which is obstinately and banally present. The whole multiplied by 387, that is an aesthetic quantum leap where poetry adds to the flux of unfulfilled desires, where childish dreams awaken, where everyone somehow feels smirkingly superior and comfy at home. Anyone who does not discard all criteria here will be punished by history. The history of an obsessive or even endearing model maker.

FRIEDRICH ACHLEITNER

258
24.0 x 13.0 x 13.0 cm

149
24.0 x 9.5 x 12.0 cm

273
21.0 x 11.0 x 12.5 cm

Amtsgebäude | Municiple Buildings

Wenn es denn so etwas gibt wie einen Archetypus des Administrationssolitärs – hier ist er Gestalt geworden. Ein Haus wie eine Durchführungsverordnung zum Verwaltungsverfahrensgesetz: schmucklos, spröde, klar und übersichtlich. Der Schwung des grauen Baukörpers, die mächtigen Vierkante der drei Türme, die ihn rhythmisieren, die flachen Dächer, die strenge Symmetrie der Gesamtanlage – all das lässt unweigerlich an Hans Poelzigs nüchtern-monumentales IG-Farben-Haus im Frankfurter Westend aus dem Jahr 1930 denken. Doch die glatten, nur spärlich gegliederten Fassaden, die stoisch Fenster neben Fenster reihen und Stockwerk über Stockwerk stapeln, sprechen vernehmlich vom Seriellen der verwalteten Welt, das zeitlos ist. Fast meint man, hinter dem Rechteckraster der immergleichen Maueröffnungen zellenartige Normbüros mit Standardmöblierung zu sehen, in denen kaum hörbar ein vielgliedriger Aktenumwälz-Apparat vor sich hin schnurrt. Was er hervorbringt, was er verschlingt, um in Schwung zu bleiben, ist so unklar wie unerheblich. Es könnte ein Finanzamt sein oder eine Versicherungszentrale. Kein Wappen, kein Schild, keine Leuchtschrift deuten auf die Widmung des Bauwerks hin. Wer es durch das massig gerahmte Doppeltor betritt, weiß ohnehin, worauf er sich einlässt. Denn offenkundig ist es die anonyme Bürokratie selbst, die in diesem Gehäuse ihren Sitz und ihr Symbol gefunden hat.

If there is any such thing as an archetypal administration solitaire it is manifested here. A building with an implementation decree for the law on administrative procedure: undecorated, obdurate, clear and open. The profile of the grey building, the forceful square towers giving it rhythm, the flat roofs, the austere symmetry of the whole complex is undoubtedly reminiscent of Hans Poelzig's soberly monumental IG Farben building from 1930 in the Frankfurt Westend. However the smooth and barely articulated facades, the stoical rows of window after window and the piling of floor on floor speak clearly of the series of an administered world, a timeless world. It is almost as if one could see normed cell-like offices with standard furnishings behind the square grid of unvarying apertures in the walls where a complicated and hardly audible filing machine is purring away to itself. What it produces or what it swallows is as unclear as it is irrelevant. It could be a fiscal office or the head office of an insurance company. No coat of arms, no sign, no neon lights indicate the function of the building. Anyone who goes through the massively framed double doors already knows what they are letting themselves in for. It is obviously anonymous bureaucracy itself that has found its seat and symbol in this shell.

HEINRICH WEFING

310
40.0 x 16.0 x 17.0 cm

316
22.0 x 10.0 x 9.0 cm

47
19.0 x 12.0 x 11.0 cm

45
16.5 x 11.5 x 10.5 cm

84
24.0 x 13.0 x 20.0 cm

87
18.0 x 13.0 x 12.5 cm

19
20.0 x 12.0 x 13.0 cm

270
24.5 x 16.0 x 13.5 cm

363
21.0 x 34.5 x 12.0 cm

32
37.0 x 15.0 x 15.0 cm

284
19.0 x 15.0 x 10.0 cm

252
18.0 x 10.0 x 9.5 cm

125
13.0 x 9.0 x 11.0 cm

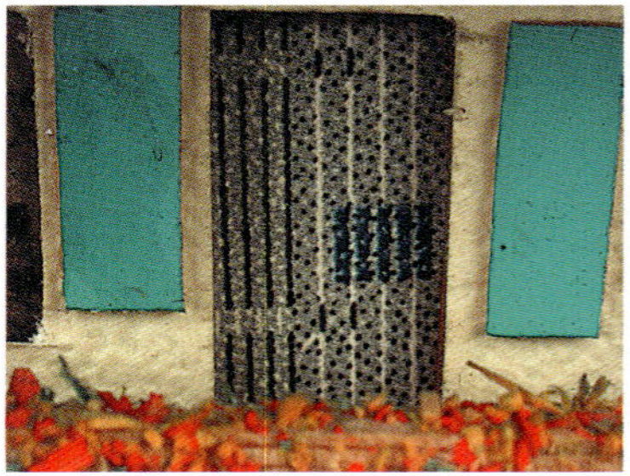

205
28.0 x 21.0 x 11.5 cm

1
21.0 x 11.0 x 15.5 cm

Das Philips-Wien-ÖAMTC-Gebäude steht auf der Vorstufe des brutalen Banalen der mittlerweile allgegenwärtigen ökonomischen Rationalität. Das Modell zeigt eine silbrige, mit einem scheinbar regelmäßigen Raster überzogene Fassade. Schaut man aber genau hin, sieht man Differenzierungen: Einfache Andeutungen von Gesimsen und verstärkte Eckpfeiler. Damit reiht das Gebäude sich ein in die Tradition der angelsächsischen Bürotypologie des ausgehenden 19. Jahrhunderts. Ob in Chicago oder eben in Wien waren jene, dem klassischen Kompositionsverständnis verpflichteten Bürobauten in den Innenstädten die Vorboten einer anonymen und monofunktionalen Lebenswelt. Auch in Fritz' Bürobau ist an ein Wohnen aufgrund der niedrigen Geschosshöhen kaum zu denken.

Der ÖAMTC-Teil dieses Modells, anhand des Sockelaufbaus gut zu erkennen, ist ein Nachtrag. Das Philips-Gebäude stand zunächst auf seinem eigenen Sockel. Der Solitär mag aber dann doch, trotz seiner wenigen klassizistischen Anspielungen und der fast charmant fehlkalkulierten Fensterachsen, recht trocken gewirkt haben. Um dem Anbau Nachdruck zu verleihen, steht dieser auf fast archaischen Stützen und Balken.

Das Gebäude kann in seiner fehlerhaften Banalität und seiner halbherzigen Traditionsgebundenheit als Paradigma für alle Bürobauten der unmittelbaren Wiederaufbauzeit nach dem Zweiten Weltkrieg gelten.

The Philips Vienna ÖAMTC Building stands on the threshold of the brutally banal of what has become a ubiquitous economic rationality. The model shows a silvery grey facade covered by an apparently regular grid. At closer inspection a differentiation can be seen: simple suggestions of ledges and strengthened corner piers. This places the building within the tradition of the Anglo-Saxon office typology at the end of the 19th century. Whether in Chicago or in Vienna for that matter such structures were the forerunners to inner city office buildings indebted to a classical understanding of composition, and heralds of an anonymous and monofunctional environment. Living in Peter Fritz's office building is hardly imaginable either due to the low height of the ceilings.

The ÖAMTC part of this model, readily recognizable by the construction of its base, is an addition. The Philips building stands on its own base for one thing. The solitaire could have made a quite dry impression though, despite its classical allusions and the charming miscalculated axes of fenestration. The extension stands on almost archaic supports and beams to give it emphasis.

The Philips ÖAMTC office building can be seen in its faulty banality and its half-hearted commitment to tradition as a paradigm for all office buildings from the period of reconstruction directly after the Second World War.

WILFRIED WANG

272
20.0 x 13.0 x 14.0 cm

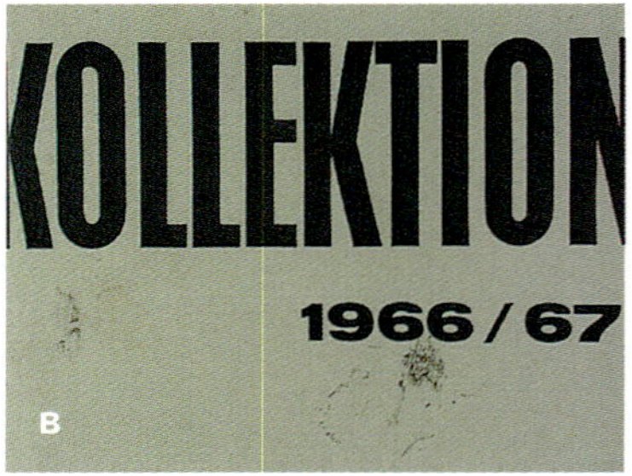

303
30.0 x 14.0 x 14.0 cm

146
16.0 x 21.0 x 22.0 cm

183
18.0 x 10.0 x 11.5 cm

77
27.0 x 22.0 x 14.0 cm

Bankgebäude | Banks

In Österreich wird Sparkasse meist mit »c« geschrieben, die Bausparkasse allerdings trägt das verbreitete »k«. Es soll dort Versicherungsbeamte geben, die sich, statt langfristige Bausparverträge abzuschließen, den Traum vom Eigenheim ohne staatliche Fürsorge erfüllen. Peter Fritz kennt kein Haushalten, sondern geht grundsätzlich verschwenderisch vor. Hunderte Modelle von Bauwerken hinterlässt er seinen Nachfahren, keinen einzigen Bausparvertrag. In typologischer Bastelwut modelliert er alles, was ihn in seiner Welt umgibt, darunter Bausparkassen und Sparcassen. Die Ausstattung seiner Sparc/kassen ist reich an Details. So wird das typische Bodenmosaik im Eingangsbereich von einer Papierspitzendecke simuliert und Spinnwebpapiere bilden die Fenster. Auch die architektonischen Formen stehen ihren Vorbildern *in realitas* in nichts nach. Vorzugsweise Sparc/kassen fallen durch eine besonders unscheinbare Erscheinungsweise auf. Aneinander geschobene Kuben und Rechtecke, mal aufgestellt und mal liegend, prägen die Architektur. Der Wiedererkennungswert wäre groß, wenn sie nicht so unscheinbar wären, diese Höhepunkte der Nachkriegsmoderne, wie sie in jeder europäischen Kleinstadt zu finden sind, nicht nur in Österreich.

In Austria the word *Sparkasse* (savings bank) is mostly spelt with a 'c', however the *Bausparkasse* (building society) uses the widespread 'k'. Apparently there are insurance clerks there who, instead of entering into a long-term savings contract with a building society, fulfil the dream of owning their own home without state aid. Peter Fritz does not know how to keep house, his procedure is basically squanderous. He leaves his descendants hundreds of model buildings and not a single building society savings account. He models everything surrounding him in his world in a typological model making mania, including *Bausparkassen* (building societies) and *Sparcassen* (savings banks). The furbishment of his *Sparc/kassen* is rich in details. The typical mosaic floor in the entrance area is simulated by a paper doily and the windows are made with webbed paper. The architectural forms are also *de facto* equivalents of their real counterparts. *Sparc/kassen* are primarily noticeable due to their particularly unremarkable appearance. The architecture is characterised by cubes and squares shoved together, standing here and lying there. Worthiness of recognition would be great if they were not so inconspicuous, those high-points of post-war modernity as found in every European small town, not only in Austria.

ANNE SCHMEDDING

239
19.0 x 12.0 x 8.0 cm

70
21.0 x 16.0 x 20.0 cm

90
23.0 x 12.0 x 12.5 cm

Kaufhäuser | Department Stores

In Österreich kann jeder kleine Dorfladen Kaufhaus heißen. Hier heißt es nicht Krapf oder Mistlbacher, sondern Kugler. Ein Kubus mit Hut, austariert und -balanciert, ein Gebäude ohne Gekröse und Geschwür. Ein Sockel, zwei Normalgeschosse, ein Staffelgeschoss und eine um die Mittelachse gerasterte Fassade. Keine Geranien, keine Balkonbrüstung und keine geschnitzten Giebelbalken. Hier zeigt sich eine Moderne, die auch im leicht angestoßenen Modell noch verrät, welche Erholung sie für ornamentgeplagte Augen gewesen sein muss. Ohne Sinnsprüche über der Tür. Und ohne Fensterläden. Die Strenge der beiden Fensterreihen wird bloß von den Schriftzügen durchbrochen, die schwarz auf weiß und weiß auf schwarz das Haus wie Phylakterien dekorieren. Mit ihrer schlichten Typografie lassen sie das Gebäude so leicht und durchsichtig wirken, als sei es gebaut, um die Schrift zu halten. Verteilt auf die vier orangefarbenen Zeilen bekommt das Profane (»Lörner, Binder, Lamprecht, Kugler/Exquisite Möbel/Schwechater, Recht hat er«) fast poetisches Gewicht. Und stünde das Kaufhaus Kugler so oder auch weniger gelungen nicht so häufig in der Landschaft, man müsste es sich in die österreichische Märklinlandschaft wünschen, gleich neben Stifters Rosenhaus, auf die Wiese mit den Obstbäumen, deren Stämme der alte Risach des *Nachsommers* jedes Frühjahr mit Seifenlauge waschen lässt.

In Austria any small village shops can be called a department store. Here it is not called Krapf or Mistlbacher but Kugler. A cube with a hat, brought to equilibrium and balanced out, a building without any knickknacks. A base, two normal storeys, a recessed upper level and a grid facade arranged around a central axis. No geraniums, no balconies and no carved gable beams. A modern structure presents itself here, one which, as is also revealed in the slightly battered model, must have been a welcome relief for eyes beset by ornament. There are no mottoes above the doors. And no shutters to the windows. The austerity of both rows of windows is only interrupted by lettering which decorates the building like phylacteries in black on white and white on black. The typography makes the building appear so light and transparent, as if it had been built to accommodate the writing. The profane (*Lörner, Binder, Lamprecht, Kugler/Exquisite Möbel/Schwechater, recht hat er*; four names/exquisite furniture/a beer slogan) is distributed over four orange coloured lines, gaining an almost poetic weight. And if the Kugler department store were to stand there any less frequently in the landscape then one would have to wish it were in the Austrian trade mark landscape right next to Stifter's Rosenhaus, in the meadow with the fruit trees the trunks of which old Risach from *Nachsommer* has washed with soap suds every spring.

DAVID WAGNER

234
16.0 x 11.5 x 15.0 cm

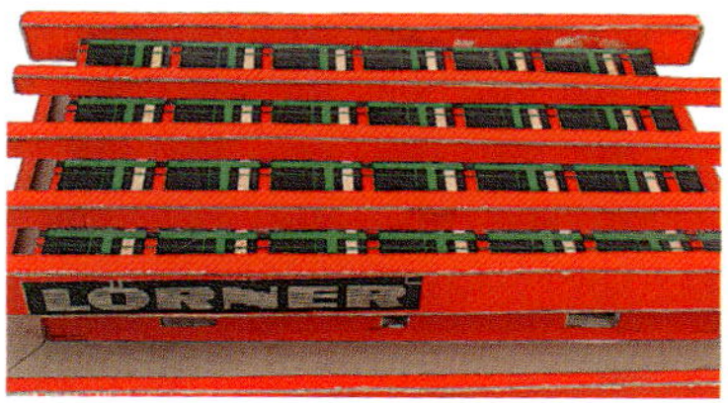

83
20.5 x 12.5 x 16.0 cm

291
25.0 x 14.5 x 14.0 cm

203
15.0 x 9.0 x 10.0 cm

232
18.0 x 14.0 x 15.0 cm

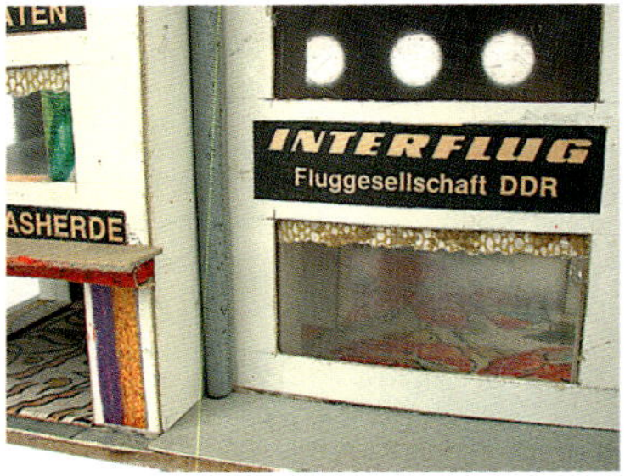

347
14.0 x 14.0 x 13.0 cm

341
18.5 x 15.0 x 17.0 cm

3
17.5 x 10.5 x 11.0 cm

267
19.0 x 13.5 x 13.0 cm

Schwimmbäder | Public Swimming Baths

»Das Bankhaus muss sagen, hier ist dein Geld bei ehrlichen Leuten fest und gut verwahrt«, schrieb Adolf Loos. Was aber muss ein Schwimmbad sagen? Zweifellos: hier wirst du von den Bademeistern vor Havarien bewahrt; hier muss der Plansch im Nichtschwimmerbecken keiner Altersgruppe peinlich sein; hier fallen Hygiene, Ertüchtigung und Spaß treffsicher in eins. Insofern muss auch die Badeanstalt ihren Kunden ins Vertrauen ziehen, ihm nahelegen, dass der entrichtete Obolus gut angelegt ist. Der funktionalistische Ansatz, diktiert von ritualisierten Abläufen (Umkleidekabine, Toilettengang, Kaltduschgang ...) und gesetzlichen Vorschriften, kann daher der überzeugenden Bäderarchitektur lediglich als Ausgangsbasis dienen. Neben seinen entlarvend lieblos zurechtgezimmerten Vorstadtbädern demonstriert Fritz mit dem abgebildeten Kurkomplex modellhaft-didaktisch, wie eine Monumentalisierung aus dem Geist der Moderne für die *architecture parlante* des Schwimmbades fruchtbar gemacht werden kann. Die zentrale Halle wird durch louiskahneske Einschnitte und Oberlichtbänder ideal durchlichtet. Der Verwaltungstrakt bietet Raum zum Nachdenken über neue Wege des Erlebnisbadens. Gleichzeitig werden die Mitglieder der Freizeitgesellschaft durch Werbetafeln ständig auch über Alternativen des Ausgleichssports informiert. Ein unaufdringliches Konzept, ganz nah am Nutzer.

“A bank must say, here your money is kept well and truly safe by honest people”, wrote Adolf Loos. What does a swimming pool have to say? No doubt: pool attendants will keep you from having accidents; a dip in the non-swimmer pool here does not have to be embarrassing for any age group; hygiene, physical fitness and fun are all rolled into one here. The pool also has to gain the trust of its visitors and convince them that their small investment has been well made. The functional approach dictated by ritualistic procedures (changing cubicles, using the sanitary facilities, taking a cold shower…) and legal stipulations can therefore only serve as an initial basis for convincing architecture. Besides his suburban pools being revealingly patched together in a loveless fashion, with the illustrated spa complex Peter Fritz demonstrates model-like and didactically how monumentalisation in the spirit of modernism can be made fruitful for the *architecture parlante* of a swimming pool. The central hall is thoroughly lit by Louis Kahnesque incisions and bands of high-level glazing. The administrative tract offers space for the consideration of new ways to experience bathing. At the same time advertising hoardings also keep members of the leisure society informed about alternative forms of fitness actvities. An unobtrusive concept, very close to the user.

CHRISTIAN WELZBACHER

264
36.0 x 17.0 x 15.0 cm

327
11.0 x 20.0 x 8.0 cm

92
35.0 x 16.0 x 11.5 cm

Produktionsgebäude | Workshops & Factories

Es ist eine sehr kleine Fabrik, die Peter Fritz für die Firma »BBC« entworfen hat. Als Produktionsgebäude taugt sie nur für den Bedarf, den Privatleute an Eisen-, Holz- oder Plastikwaren haben. Durch das schmale Eingangstor ließen sich lediglich Bauteile für den Do-it-yourself-Gebrauch transportieren. Oder ein Maschinchen, vielleicht. Und auch die spärlichen Details im Inneren machen es unwahrscheinlich, dass hier die Schwerindustrie produziert – ganz anders, als es die gewaltigen Architekturen zu Anfang des letzten Jahrhunderts vorsahen.

Nein, Peter Fritz denkt nicht an Großindustrie, wenn er Fabriken entwirft. Der Schornstein ist so zart, dass er nur Abgase von einer sparsamen Turbine ausstoßen könnte. Und der kleine Tank auf der rechten Seite kann bloß geringe Mengen an Energie speichern. Der Anbau links ist mit einem Lattenzaun umfasst: die Fabrik wird zum melancholischen Wohnungsersatz, zum Spielplatz für Kinder, die später gerne Arbeiter oder gar Industrielle werden würden. Genau dieser Wunsch, der in dem Gebäudeentwurf mit angelegt zu sein scheint, macht aus der Fabrik ein utopisches Bauwerk. Es passt zu einem Alltag, in dem Industrieanlagen unter Denkmalschutz gestellt werden, weil ihre Zeit der von Information und Kommunikation gewichen ist. Wie sonst könnte eine Fabrik aussehen, wenn die Produktion nur Abfall der virtuellen Ströme am Computer ist?

The factory Peter Fritz designed for the firm BBC is a very small one. It is only suitable as a production building to fulfil the private individuals' needs for iron, wood and plastic goods. The narrow entrance only permits the transportation of parts for the do-it-yourself market. Or perhaps a small machine. Perhaps it is the scarcity of details inside which also makes it improbable that heavy industry produces anything here – very different to the vision of massive architecture at the beginning of the last century.

No, Peter Fritz does not have heavy industry in mind when he designs factories. The chimney is so delicate that it could only release emissions from a very efficient turbine. The small tank on the right can also only store a very limited amount of energy. The left-hand annex is surrounded by a picket fence: the factory becomes a melancholic substitute home, a playground for children who would happily become workers or even industrialists later. It is exactly this wish which seems to have been laid out in the building's design and that makes the factory a utopian construction.

It is suited to a time when it is usual to put industrial complexes under protection as their era has yielded to that of information and communication. How else could a factory look like this when production is only a waste product of the virtual currents on a computer?

HARALD FRICKE

88
34.0 x 15.0 x 16.0 cm

8
24.0 x 22.0 x 14.0 cm

325
11.5 x 9.0 x 7.5 cm

200
28.5 x 12.0 x 11.0 cm

168
24.0 x 15.0 x 13.0 cm

329
20.0 x 20.0 x 12.0 cm

165
12.5 x 9.0 x 7.0 cm

305
18.0 x 16.0 x 10.5 cm

321
17.0 x 9.0 x 11.5 cm

67
14.0 x 18.0 x 9.0 cm

324
19.0 x 11.5 x 8.0 cm

Lagerhäuser | Warehouses

In unseren Breitengraden hat man schon lange aufgehört, solche Gebäude zu errichten: Halb Gewerbe- und halb Wohnungsbau, repräsentiert es eine Mischung, die im Zeitalter der zunehmenden Abstraktion, der Trennung von Leben und Arbeit in Wohn- und Industriezonen, vollkommen antiquiert ist. Doch im Modell huldigt man offenbar gerne der Sentimentalität und gibt sich dem seltsamen Geist des Hybriden hin, der Perspektiven verkürzt und Tatsachen verdreht.

So missachtet das »Grosslager« mit hinterlistiger Absicht alle Regeln des architektonischen Akademismus, der seit der klassischen Moderne unsere Vorstellung von Häusern prägt. Es weist vier komplett unterschiedliche Fassaden auf, die den Betrachter jeweils auf eine vollkommen falsche Rezeptionsfährte locken: Mal kokettiert es mit corbusianischen *Piloti*, mal mit allgäuischem Heimatstil. Mal appelliert es an unsere Sehnsucht nach Bauernhausferien, mal erinnert es an Bushaltestellen-Ästhetik. Dennoch wird keine dieser vielen Versprechungen eingelöst, keine architektonische Sprache konsequent zu Ende geführt. Alles bleibt Andeutung und fügt sich trotzdem zu einem charmanten, dekonstruktivistischen Ensemble, einem »Grosslager« für Bau-Fragmente gewissermassen – ganz so, als sei es per *Photoshop* an einem Computer entwickelt worden. Nicht auszudenken, was dabei herausgekommen wäre, wenn es sich wirklich so abgespielt hätte!

In our latitudes people have long stopped building structures like these: one building which is half industrial and half residential. It represents a mixture that is completely outdated; in an age of increasing abstraction living and working are separated into industrial and residential zones. However in a model one clearly enjoys indulging in sentimentality and enters into the extraordinary spirit of a hybrid with foreshortened perspective and twisted truths.

In this way, with deceitful intent the warehouse (*Grosslager*) abuses all the rules of architectural academia that have characterised our understanding of buildings since classical modernism. It shows four entirely different facades each of which lures the viewer onto a totally false trail in their reception. It plays coquetely with Corbusian *piloti* and then with a rustic provincial style. It appeals fleetingly to our yearning for farmyard holidays, then it reminds us of the aesthetics of a bus stop. Nevertheless it fulfils none of these promises, no single architectural language is employed consistently to the end. Everything remains a suggestion and still combines to form a charming deconstructivist ensemble, to an extent a warehouse for fragments of buildings – entirely as if it had been developed using Photoshop on a computer. Imagine what would have resulted if it really had been made like that!

CHRISTOPH DOSWALD

262
17.0 x 16.0 x 11.0 cm

114
12.5 x 10.0 x 8.5 cm

12
10.5 x 10.0 x 9.0 cm

249
11.0 x 7.0 x 5.0 cm

138
14.5 x 18.0 x 11.0 cm

379
20.0 x 13.0 x 14.0 cm

323
10.0 x 8.0 x 11.0 cm

123
12.5 x 10.0 x 8.0 cm

Feuerwehrhäuser | Fire Stations

[Auszüge eines Briefwechsels]

bei dem modell hat fritz eine bergkapelle zu einem feuerwehrhaus umgebaut. warum hat er sich nicht für eines von beiden entscheiden können?

... es ist ein spritzenhaus (das haus, in dem das feuerwehrauto parkt und die schläuche zum trocknen hängen). hier ist jedoch das hängen nur möglich, wenn das auto nicht darin parkt. drumherum ist dann sehr viel platz. ist dieser zum untersuchen der schläuche da?

... die hermetische architektur verweist auf einen ort für verbotene rituale: spritzspiele oder feuerherbeibeten. mehr als die hälfte aller brände werden bekanntlich von feuerwehrleuten selbst gelegt, die das warten nicht mehr aushalten. es ist ein spritzenschlauchritualhaus, eine »kirche der feuerwehr«. nur – welchen ritualen gehen sie hier nach?

... es ist doch das modell eines spielplatzkletterhauses, man klettert aussen hoch und rutscht in der mitte herunter.

... das rutschen ist bei feuerwehrhäusern zentral. bei alarm wird aus den betten gehopst und per stange gelangt man verschlafen hinunter zu den autos. damit dieser vorgang präzise abläuft, gibt es ein trainingshaus, das *slimbing center* (*climbing & sliding*). haben feuerwehrmänner einen rutsch-komplex, gewährt das haus deswegen keine einblicke?

[Excepts from a correspondence]

Fritz converted a mountain chapel into a fire station in the model. Why couldn't he settle for one of the two?

...it is the building where the fire engine is parked and the hoses hung to dry, but it is only possible to hang them here when the fire engine is not parked inside. Then there is a lot of space all around. Is this there to check the hoses?

...the hermetic architecture is indicative of a place for forbidden rituals: squirting games or fire invocation. It is well-known that more than half of all fires are laid by firemen themselves, who can't stand waiting around any longer. It is a squirting-hose-ritual building, a 'church for the fire brigade'. Only – what rituals do they practice here?

...it is the model of a playground climbing frame you climb up the outside and slide down the middle.

...sliding is central to fire stations. When the alarm goes off they jump out of bed and drowsily slide down the pole to the fire engines. There is a training building so that this procedure can go off smoothly, the slimbing centre (climbing & sliding). Do firemen have a complex about sliding, is that why the fire station doesn't provide any insights?

PETER ARLT / BENJAMIN FOERSTER-BALDENIUS

223
6.0 x 9.0 x 7.5 cm

318
27.5 x 10.0 x 13.0 cm

96
20.0 x 11.5 x 14.5 cm

Mühlen | Mills

Die Funktion des Ensembles wird durch das Mühlrad, den eingefassten Wasserlauf und die unzähligen Holzlager sofort einsichtig. Die dominierende Blockhütte repräsentiert das tradierte Bild des Hauses, wie es uns von Kinderzeichnungen – aber auch von Heinrich Tessenows Entwurf für sein eigenes Wohnhaus – bekannt ist: ein quadratischer Grundriss und ein steiles Satteldach, gekrönt vom mächtigen Kamin. Diese strenge »Urform« wird durch eine Reihe »moderner« An- und Zubauten aufgebrochen: auf drei Seiten ist die Mühle von weiß verputzten Gebäuden unterschiedlicher Höhe umstellt, deren Dachform, Fenstertypus und -größe auf ein späteres Entstehungsdatum hinweisen.

Es ist ein Verdienst von Peter Fritz, sich der von der Architekturgeschichte vernachlässigten Industrialisierung des ländlichen Raumes zu widmen. Das Erfordernis einer unmittelbaren Nähe zu Wald und Wasserkraft hat den Bautypus »Mühlen« im bergigen Österreich meist in tiefe Täler oder schattige Gräben verbannt. Die Herrensitze hingegen entstanden auf den sonnigen Hängen und Hügeln. Den Lebensumständen, der psychischen Konditionierung und den sozialen Differenzen hat sich ein anderer prominenter Österreicher angenommen: der Schriftsteller Thomas Bernhard.

The function of the ensemble can immediately be deduced from the water wheel, the ducts and the numerous wood stores. The dominating log cabin represents the traditional appearance of the building as we know it from children's drawings but also from Heinrich Tessenow's design for his own house: a square floor plan and a steep pitched roof crowned with a large chimney. This austere 'primitive form' is broken by a row of 'modern' extensions and annexes: the mill is surrounded on three sides by white plastered buildings of various heights whose roof shape, window size and type indicate a later building period.

It is to Peter Fritz's credit that he has dedicated himself to the industrialisation of rural regions neglected by architectural history. The need to be close to woodland and water has banned the building type 'mills' to deep valleys or shady hollows in mountainous Austria. Stately homes were erected by contrast on sunny slopes and hills. The living circumstances, psychological conditioning and social differences were taken on by another prominent Austrian: the playwright Thomas Bernhard.

MICHAEL ZINGANEL

129
20.0 x 16.0 x 10.0 cm

78
21.0 x 14.5 x 11.0 cm

279
22.0 x 11.5 x 11.0 cm

18
24.0 x 18.0 x 12.0 cm

161
15.0 x 11.0 x 10.5 cm

330
21.0 x 18.0 x 13.5 cm

332
8.0 x 8.0 x 11.5 cm

248
15.0 x 12.0 x 9.5 cm

23
16.0 x 18.0 x 13.0 cm

304
11.5 x 11.0 x 12.0 cm

344
19.0 x 12.0 x 11.0 cm

130
17.5 x 15.0 x 13.0 cm

Bahnhöfe | Railway Stations

Als zum Jahresbeginn 1962 die Zusammenlegung der Gemeinden Schwefelbach, Oberkammern und Niederziesigen zur Verwaltungseinheit Schwefelbach Hinterleiten in Kraft trat, regten sich umgehend Stimmen, die den Abriss der alten Bahnstation zugunsten eines neuen, insbesondere den Erfordernissen des modernen Tourismus entsprechenden Bahnhofes forderten.
Den darauf ausgeschriebenen Architekten-Wettbewerb gewann zum Erstaunen aller Beteiligten der nicht ortsansässige Architekt Norbert Pierchalla. Er überzeugte mit einem Entwurf, der nach einhelliger Meinung aller Sachverständigen ein gelungenes Zusammenspiel aus traditionellen und modernen architektonischen Elementen darstellte. »Dös passt scho!«, wird von Zeugen der lebhaften Kommissionstagung gerne der damals amtierende Bürgermeister Alfred Kreitmeier zitiert, mittlerweile als Original auch über die Grenzen der Gemeinde hinaus bekannt. Die Bauarbeiten begannen noch im Herbst des Jahres 1962 und konnten insbesondere durch die Anstrengungen der ortsansässigen Baufirma Kertschläger schon im Frühjahr des darauf folgenden Jahres abgeschlossen werden, wodurch die Feriengäste des als besonders sonnig und warm in Erinnerung gebliebenen Sommers 1963 bereits in vollem Umfange in den Genuss des neuen Bauwerkes und seiner verschiedenen Annehmlichkeiten kommen konnten.

When the unification of the councils of Schwefelbach, Oberkammern and Niederziesigen came into force to create the administrative unit Schwefelbach Hinterleiten at the beginning of 1962, voices were immediately raised demanding that the old railway station be demolished to make way for a new station. They wanted one which would meet the demands of modern tourism. To the surprise of all concerned the architect Norbert Pierchalla, who was not from the region, won the ensuing architecture competition. He won with a design which was unanimously held to be, in the opinion of all the judges, a successful interplay of traditional and modern architectural elements. "That'll do all right!" Were the words of the then presiding mayor Alfred Kreitmeier which are gladly repeated by witnesses at the lively meetings of the commission. He is also now known as something of an eccentric beyond the community itself. Building work started back in the autumn of 1962 and could be completed as early as spring the following year due to the particular efforts of the local building firm Kertschläger. This meant that holiday makers could enjoy the new building and all its various comforts to the full during the summer of 1963, which will remain in our memories as particularly sunny and warm.

BURKHARD SPINNEN

370
32.0 x 26.0 x 13.0 cm

367
20.5 x 13.5 x 8.5 cm

369
17.0 x 8.5 x 7.0 cm

382
54.0 x 20.0 x 12.5 cm

368
27.0 x 10.5 x 8.0 cm

380
30.0 x 11.0 x 10.0 cm

366
25.0 x 13.5 x 10.0 cm

Wartehäuschen | Bus Shelters

»Gösser Export« im abgetakelten Wartehäuschen. Der letzte Bus ist lange abgefahren. Nur mit Neugier und Liebe zur Totalität der menschlichen Existenz ist die Intensität zu erklären, mit der Peter Fritz jedes Objekt gleich behandelt. Großartig abstrus. Nicht »gute Architektur«, sondern »average« interessiert ihn. Eine österreichische (naive?) Ausformung des »Las Vegas Projektes« von Robert Venturi. Die fragile, materiell recht simple Ausführung der Modelle lässt an flüchtige Seinsformen denken: Wohnwagen, Hütten, Messestände. Und an »traditionelle Bauformen«, die nur noch in ihrer bürgerlichen Klischeeprojektion vorhanden sind.

In dem Roman *Der dritte Polizist* von Flan O'Brien sitzt ein riesiger Mann in einer zweidimensionalen Polizeistation. Mit seinen dicken Fingern bastelt er Schächtelchen, die in Schachteln passen sollen, welche so winzig sind, dass sie mit bloßem Auge nicht mehr zu erkennen sind. Mitten in der biedersten Sicherheit stößt Peter Fritz durch die Benutzerschicht und trifft auf die Lava, die unter den Wüstenrot-Träumen liegt. Durch seine liebevollen ornamentalen Details schimmern die Ängste vor Zins-Abschreibungs-Rentenverträgen. Ganz anders als seinerzeit Venturi bringt es der Versicherungsbeamte fertig, zwei Erlebnisschichten miteinander zu verweben. Ein Gesellschaftsgewebe inmitten der Idylle, zu gleichen Teilen subversiv und produktiv.

Gösser Export (an Austrian beer) in dilapidated bus shelters. The last bus left ages ago. The only way to explain the intensity with which Peter Fritz treats every object equally is with curiosity and love for the totality of human existence. Wonderfully abstruse. Not 'good architecture' but rather 'the average' interests him. An Austrian (naive?) version of Robert Venturi's Las Vegas project. The fragile material simplicity in the execution of the model evokes thoughts on fleeting forms of existence: campers, huts, fair stands. And on 'traditional building forms', which only still exist in their bourgeois cliché projections.

In the novel *The Third Policeman* by Flan O'Brien a giant man sits in a two-dimensional police station. He is making little boxes with his fat fingers which are to fit into boxes so tiny that they cannot be seen with the naked eye. In the midst of the most conventional notions of security Peter Fritz breaks through the user layer and comes up against the lava lying beneath dreams of Wüstenrot (a financial institution). Fears of pension schemes with written-off interest glitter through his lovingly ornamental details. The insurance clerk manages to interweave two layers of experience in a totally different way than Venturi did in his time. A social mesh in the midst of the idyll, at once part subversive and equally productive.

THOMAS BAYRLE

136
10.0 x 6.0 x 4.5 cm

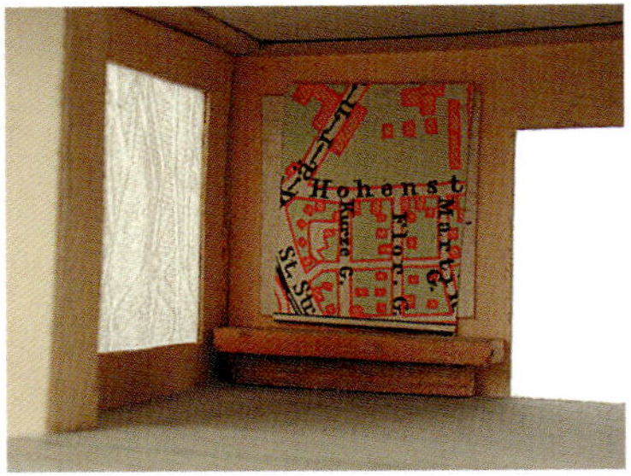

191
10.5 x 6.0 x 3.5 cm

Bahnbetriebsgebäude | Railway Buildings

Der schlichte Stellwerksbau ist ein Vorgriff auf die Zukunft des Verkehrs, der keine Hierarchien und kein Verweilen kennt. Das Modell verkörpert Kommunikationsarchitektur in einer universal gültigen Form, die weit über die Eisenbahn hinausweist. Ein Ort der Ortlosigkeit. An diesem Gebäude ist alles Funktion oder ein Sinnbild derselben. Der Telegrafenmast betont die Kreuzung zweier Kommunikationssysteme – Verkehr und Nachricht –, die schon in der Pionierzeit der Eisenbahn stets verschwistert waren. Das Andreaskreuz ist nichts als ein Zeichen dafür, dass sich hier zwei Verkehrslinien – Straße und Schiene – begegnen. Den einzigen Schmuck im Innern bildet ein Netzplan.

Die Heimstatt eines Internet-Nomaden würde kaum anders aussehen: eine Art aufgebockte Laube, den Verkehrsströmen, zu deren Regulierung sie erbaut wurde, wie lediglich für den Augenblick enthoben. Dagegen sprechen schwach die vergemütlichenden Elemente, der Jägerzaun und das Ziegelmauerwerk. Gegen den Eiseshauch technischer Zweckhaftigkeit regt sich selbst im neuesten »Neuen Menschen« ein Bedürfnis nach dem Anheimelnden. Subtile Anspielungen verbergen sich in den Werbeplakaten. »Möbelhaus Wallenstein« erinnert an »Wallensteins Lager«, an Zelte und Feldmöbel. Die Marke »Musterring international« wird zum Inbegriff für Globalisierung und »feh« hat den melancholischen Unterton von »Wehmut« und »verweht«.

The simple steelworks building is an anticipation of the future of transport where there are neither hierarchies nor tarrying. The model embodies communication architecture in a universally valid form which looks far beyond the railway. A place of placelessness. Everything is about function in this building or a symbol of it. The telegraph masts emphasise the intersection of two communication systems – transport and news – which were already closely related in the pioneering days of the railway. The St. Andrew's cross is a sign showing that two lines of transport meet here – road and rail. A network plan is the only decoration inside.

The home of an internet nomad could hardly look any different: a kind of jacked-up deck-access house raised, as if for a mere moment, over the streams of traffic it was built to regulate. In contrast cosying elements, the lattice fencing and the brickwork walls, are less outspoken. A need for homefying stirs in the newest of 'new people' in the face of the frozen breath of technical functionality. Subtle allusions are hidden in the advertisement for the Wallenstein furniture store reminiscent of Wallenstein's depot, of tents and collapsible furniture. The trade mark Musterring International becomes the epitome of globalisation, and *feh* has melancholic undertones of 'wistfulness' and 'wisped'.

BODO-MICHAEL BAUMUNK

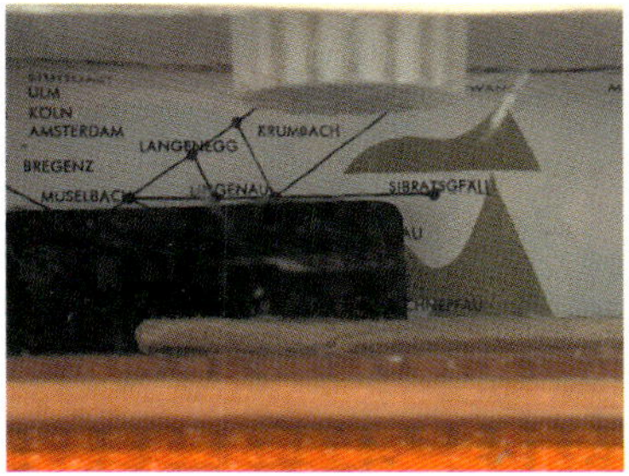

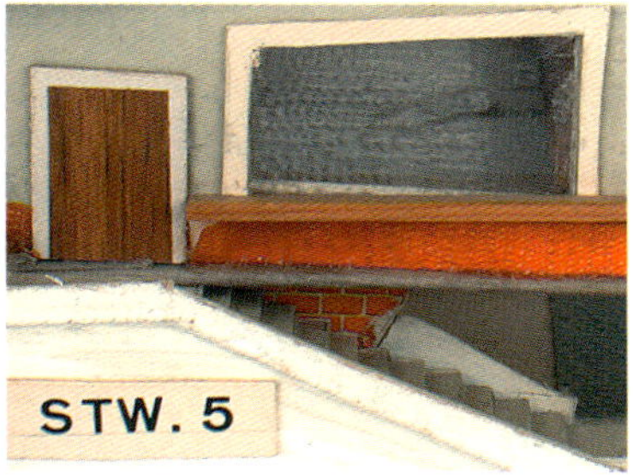

378
9.5 x 9.5 x 7.0 cm

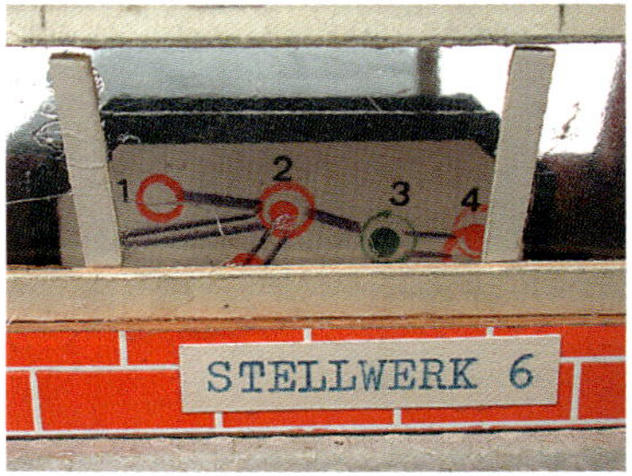

372
17.0 x 12.5 x 6.5 cm

373
19.5 x 10.0 x 10.5 cm

374
17.0 x 11.5 x 5.0 cm

375
10.0 x 8.0 x 8.0 cm

371
9.5 x 14.5 x 9.0 cm

377
12.5 x 9.0 x 6.5 cm

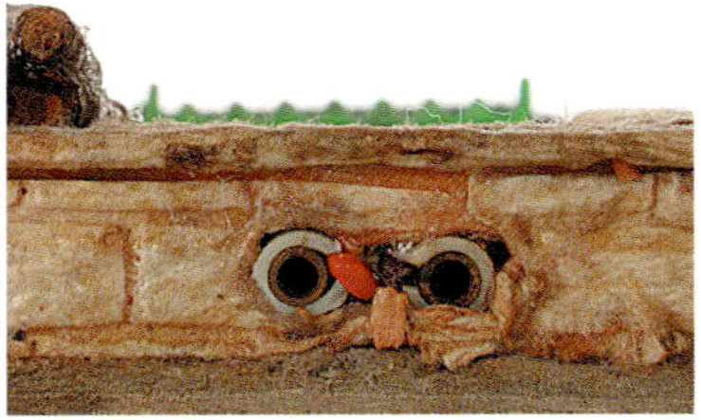

376
12.5 x 9.0 x 12.0 cm

381
20.0 x 7.0 x 13.0 cm

21
10.0 x 7.0 x 7.0 cm

Tankstellen | Petrol Stations

Tankstellen gehören zu den nahe liegendsten Bautypen zur Versinnbildlichung des Fortschritts in einer automobilisierten Moderne, und doch hat Peter Fritz sich nicht daran versucht, spezifisch architektonische Neuformulierungen zu finden. In der Zeit vor der Verwandlung der Tankstellen in »24-7-Stationen« mit Supermarkt ging es um den Verkauf von Benzin an Autobesitzer und um die simple Beschirmung eines Tankwarts und weniger wertvoller Gegenstände. Letztlich ging es um »Service«. So kann uns Fritz in großer Gelassenheit sein Konzept der »Tankstelle als Zeichenträger« vorstellen, das aus zwei getrennten Bereichen besteht: Links ein mit witzig kaschierten Stahlträgern in stupender Balance gehaltenes Flachdach, der »Havariedienst«, und rechts, ebenfalls unter einem Flachdach, ein kleiner »Service«-Bereich. Zeichenträger ist dieser Bau in gesteigertem Maße, insofern er die Dialektik des Transports in seinen Schildern auszudrücken weiß. Markennamen sind an die Ränder gedrängt, auf der Schauseite steht »Havarie« als gefährliches Moment den Vorteilen der Mobilität gegenüber. Neben dem Ewigkeitsversprechen »Semperit« bekommt das Parkverbotszeichen eine nahezu existenzielle Dimension. In Fritz' Modell erhalten die Begriffe eine ätherische Qualität, »Service« ist bei Peter Fritz eine asketisch leere Plattform, die immer wieder neu gefüllt werden will.

Petrol stations belong to the most immediate of building types for symbolising progress in an automobilised modernity, but Peter Fritz has nevertheless not attempted to find any specific new architectonic formulations. In the time before petrol stations changed into 24-7 stations with supermarkets they were about selling petrol to car owners and the simple shielding of a pump attendant more than valuable articles. Ultimately they were about 'service'. This is how with great ease Fritz can present his concept of the petrol station as signifier. It has two separate areas: on the left a flat roof stupendously balanced by wittily disguised steel piers, the repair service area, and on the right, likewise under a flat roof, a small service area. This building is a signifier to greater extent in so far as it knows how to express the dialectic of transport in its signs. Brand names are pushed to the edge, *Havarie* (bodywork) stands on the display facade as a dangerous element compared to the advantages of mobility. The No Parking sign gains an almost existential dimension alongside the eternal promise of Semperit. The terms take on an aesthetic quality in Fritz's model, 'service' is an ascetic emptiness for Peter Fritz which continually wants to be refilled.

CLEMENS KRÜMMEL

333
24.0 x 8.5 x 6.0 cm

328
25.0 x 8.5 x 7.0 cm

Burgen | Castles

Ein kapriziöses Burgfräulein hat sich Peter Fritz zur Gefangenen seiner Festung gemacht. Was einmal als Werbetafel eine biedere Schneiderwerkstatt zierte, geht eine Symbiose ein mit Zinnen, Quader und Arkaden. Und wie die *Haute Couture* Anregung liefert für erfindungsreiche Modifikationen, so verarbeitet der Bastler hier eines der Prunkstücke der Anfang der sechziger Jahre weit verbreiteten »Schreiber-Modellbaubögen« zu einer eigenwilligen Kreation. Das charakteristisch begrünte Mauerwerk dient als bloßes Versatzstück seiner vielschichtigen Architektur. Unbekümmert ignoriert er die vorgesehenen Knicklinien, kombiniert unorthodox Materialien aus dem Modellbaufundus, greift selbst zum Stift oder setzt Zündhölzer als Kragsteine ein. An der Schnittstelle von Vorlage und individueller Formfindung offenbart sich das Fritz'sche Ingenium. Wo sich die gedruckten Bögen mit illusionistisch gemalten Toröffnungen oder weißen Zwischenräumen begnügen, will Fritz es realistischer. Er schneidet Öffnungen aus und appliziert zusätzliche Schichten, um Durchblicke zu ermöglichen und plastische Oberflächen zu gestalten. Diese Kreativität unterscheidet ihn von den herkömmlichen Modellbauern, die die Bezeichnung »Bastler« stolz von sich weisen würden. Allein die ans Manische grenzende Baulust, die Wohnungen bersten und Ehen zerbrechen lässt, verbindet beide.

Peter Fritz has made a capricious mountain lass a captive of his mountain fortress. What once decorated the advertising hoarding of a conservative tailor's shop enters into a symbiosis with battlements, blocks and arcades. And just as *haute couture* provides encouragement for ingenious modifications, the model maker reworks one of the widespread early 1960s masterpieces of the Schreiber model making range (folding card models) into a very individual creation. The characteristically overgrown masonry serves merely to provide a setting for his multilayered architecture. In a carefree fashion he ignores the foreseen fold lines, combines unorthodox materials from model building stocks, snatches at a pencil or uses a match stick as a corbel. The Fritzian ingenuity is revealed at the intersection of the plan and his individual discovery of form. Fritz wants more realism where there are pressed arches with illusionistically painted doorways and white interstices. He cuts openings out and applies extra layers to make it possible to peep through and to form sculptural surfaces. This creativity distinguishes him from typical model makers who are proud of being termed 'handymen'. Only a love of building bordering on the manic which is able to burst apartments and break up marriages connects them both.

HELGA KUSOLITSCH

384
25.0 x 17.0 x 15.0 cm

383
20.0 x 20.0 x 15.0 cm

30
42.0 x 24.0 x 20.0 cm

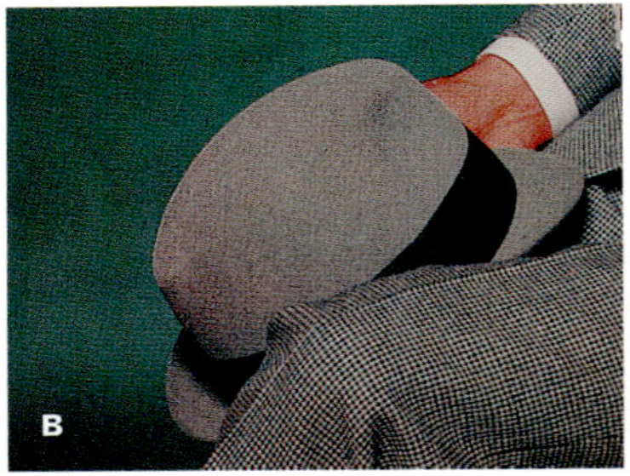

385
25.0 x 11.0 x 17.5 cm

386
13.5 x 9.0 x 15.0 cm

Gasthäuser | Taverns

Ein einzelnes Haus zu interpretieren, führt zu anderen Fragestellungen als die Konfrontation mit allen 387 Sondermodellen. Anders als bei der Installation SONDERMODELLE, geht es beim einzelnen Modell um die Originalität seines architektonischen Entwurfes. Im Falle der »Almdiele« zeigt sich Fritz wenig erfinderisch, da eine solche Gaststätte in der Gestalt eines behäbigen Wohnhauses jedem Österreich-Touristen vertraut sein dürfte. Insofern erfüllt das Haus weniger die Kriterien eines *Sonder*modells, als diejenigen eines einfachen Modells, denn es ist lediglich das Abbild eines Hauses in der Ästhetik der fünfziger bis siebziger Jahre.

Drei Details sind dennoch bemerkenswert: 1. Die zentrale, in den Mittelrisalit hineingeschnittene Treppe führt auf ein Niveau, das ein halbes Geschoss über dem ebenerdigen Gastraum liegt: Eine Inkonsequenz, die sich nur ein Tüftler leisten kann. 2. Auffällig ist die liebevolle Ausgestaltung der Böden und Brüstungen der Balkone; Fritz hat sie mit farbigen Tapeten beklebt, die normalerweise Innenräumen vorbehalten sind: Sollen sie einen prächtigen Blumenschmuck imaginieren? 3. Das ausgebaute Dachgeschoss ist mit Fotos von gemasertem Holzimitat beklebt: Unwissend und unwillentlich bestätigt Fritz mit dieser *Kopie der Kopie* die geniale Formica-Technik des Ironikers Richard Artschwager. Ist die »Almdiele« also doch ein Sondermodell?

Interpreting a single house leads to different form of questioning than confrontation with all 387 models. Differently to the installation of the entire collection, the interpretation of a single model is about the originality of its architectural design. In the case of the *Almdiele* mountain restaurant and bar Fritz exhibits little inventiveness, as such a restaurant bar in the form of a comfy residential house must be familiar to every tourist of Austria. In as much the building fulfils the criteria of a special model less so than those of a simple model because it is just a representation of a building with the aesthetics of the 1950s to the 70s.

Three details are however noteworthy: 1. The central staircase cut into the middle protrusion leads to a level lying half a storey above the restaurant bar on the ground floor: an inconsistency that only a lay model maker could get away with. 2. The obviously lovingly worked floors and balustrades to the balconies; Fritz has stuck coloured wall papers on them which would normally be reserved for interior rooms: Are they supposed to suggest glorious floral decoration? 3. The attic extension is covered with photos of grained wood: Fritz unwittingly and unintentionally confirms the inspired Formica technique of the ironic artist Richard Artschwager with this copy of the copy. Is the Almdiele really a special model then?

RENATE PUVOGEL

140
21.5 x 12.0 x 10.0 cm

219
13.0 x 11.5 x 11.0 cm

331
17.0 x 10.0 x 12.0 cm

186
21.0 x 10.5 x 10.0 cm

319
22.5 x 19.0 x 10.0 cm

131
12.0 x 14.5 x 10.0 cm

52
17.0 x 15.0 x 10.0 cm

119
13.5 x 13.5 x 9.5 cm

175
14.0 x 11.0 x 11.0 cm

178
20.0 x 12.0 x 12.0 cm

94
16.0 x 14.0 x 12.0 cm

229
15.0 x 9.5 x 10.5 cm

101
12.5 x 13.0 x 13.0 cm

33
17.0 x 12.0 x 12.0 cm

208
15.0 x 15.5 x 11.0 cm

230
16.0 x 11.0 x 9.0 cm

5
27.0 x 15.0 x 11.0 cm

266
10.0 x 12.0 x 10.0 cm

143
12.0 x 10.5 x 13.0 cm

246
16.0 x 14.0 x 10.0 cm

170
14.0 x 14.0 x 11.0 cm

313
19.0 x 14.0 x 11.0 cm

109
23.0 x 12.5 x 11.0 cm

194
14.0 x 11.0 x 7.0 cm

133
9.5 x 7.5 x 4.5 cm

Pensionen & Hotels | Guest Houses & Hotels

Nach einem verregneten Badeurlaub am Wörther See im Jahr zuvor, entschloss sich das Ehepaar Fritz, die diesjährigen Ferien in den Tiroler Bergen zu verbringen. Ihr Hotel, das Ausgangspunkt für erlebnisreiche Bergwanderungen sein sollte, hieß passenderweise »Hotel Bergwelt« und war die Empfehlung eines Kollegen aus der Revisionsabteilung. Als Herr Fritz auf dessen Urlaubsfotos das Hotel inmitten einer herrlichen Gebirgskulisse gesehen hatte, musste nur noch seine Frau überzeugt werden.

Das anstelle eines 200 Jahre alten Bauernhauses vor kurzem eröffnete Hotel versprach all das, was von einem zeitgemäßen Hotelneubau in alpenländischer Umgebung zu erwarten war, und das bei bezahlbaren Preisen. Das Doppelzimmer mit eigenem Bad und Balkon für knapp 320 Schilling die Nacht, Halbpension und Panoramablick inklusive, was wollte man mehr.

Einheimische und internationale Spezialitäten, in der holzverkleideten Zirbelstube serviert, sowie die kostenlose Benutzung des Hotelhallenbades ließen die beiden den Alltag schnell vergessen. Höhepunkt ihres zweiwöchigen Sommerurlaubs war schließlich der Gastauftritt Roy Blacks in der hoteleigenen Kellerbar. Die an jenem Abend von ihm persönlich signierte Autogrammkarte würde das Ehepaar Fritz noch öfters an die unvergesslichen Stunden im Hotel Bergwelt erinnern.

After a rainy bathing holiday at the Wörther See the previous year, Herr and Frau Fritz decided to spend this year's holidays in the Tyrolean mountains. The hotel, which was intended to be the starting point for adventurous mountain hikes, was aptly called *Hotel Bergwelt* (Hotel Mountainworld) and had been recommended to them by a colleague in the auditing department. Once Herr Fritz had seen the hotel set against a wonderful backdrop of mountains in holiday snapshots all that had to be done was to convince Frau Fritz.

The hotel, which had recently opened on the site of a 200-year-old farmhouse, promised everything that could be expected from a newly-built, modern hotel in an alpine environment, and at affordable rates. The double room with bath and balcony costs only 320 schillings per night including half-board and a panoramic view. What more could one want.

Local and international specialities served in the wooden-panelled lounge as well as the free use of the hotel's indoor pool helped the couple forget the cares of everyday life. The highpoint of their two-week holiday was the guest performance by Roy Black in the hotel's very own cellar bar. The autogrammed postcard signed by him personally will go on reminding the Fritzes of the unforgetable hours they spent at Hotel Bergwelt.

WOLFGANG LECHNER

108
21.0 x 13.5 x 12.5 cm

346
15.0 x 10.5 x 9.0 cm

79
16.0 x 10.0 x 9.0 cm

184
27.0 x 12.5 x 11.0 cm

13
25.5 x 14.0 x 11.0 cm

86
28.0 x 14.0 x 11.0 cm

85
26.0 x 13.0 x 12.0 cm

260
25.0 x 12.0 x 13.0 cm

265
20.0 x 11.5 x 11.0 cm

9
21.0 x 11.5 x 12.0 cm

181
21.5 x 12.5 x 12.0 cm

293
19.0 x 11.0 x 11.5 cm

159
18.0 x 13.0 x 11.0 cm

118
14.5 x 11.0 x 12.0 cm

192
17.0 x 11.0 x 13.0 cm

356
16.5 x 13.0 x 10.5 cm

301
19.0 x 13.0 x 11.5 cm

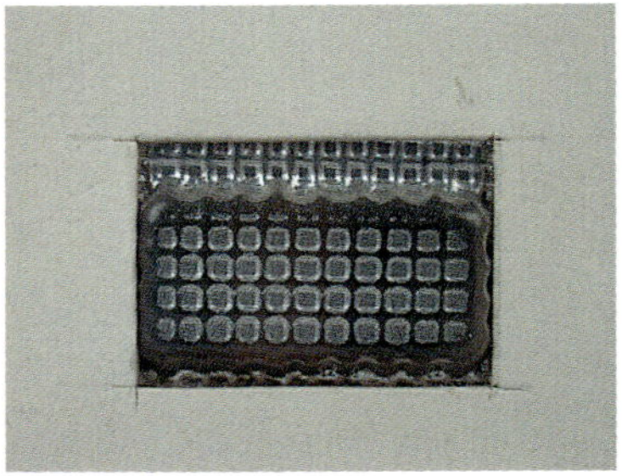

160
20.0 x 14.5 x 12.0 cm

39
22.0 x 14.0 x 13.0 cm

227
18.0 x 12.0 x 12.0 cm

182
18.0 x 12.0 x 14.0 cm

283
17.5 x 19.0 x 13.0 cm

269
17.0 x 15.0 x 12.5 cm

274
12.0 x 12.0 x 10.0 cm

335
12.5 x 12.5 x 12.0 cm

228
19.5 x 13.0 x 12.5 cm

198
13.0 x 15.0 x 11.0 cm

212
17.5 x 13.5 x 12.0 cm

196
12.0 x 14.0 x 9.0 cm

326
13.0 x 12.0 x 11.0 cm

322
16.5 x 12.0 x 11.5 cm

236
16.0 x 12.5 x 12.0 cm

144
14.0 x 11.0 x 12.5 cm

256
16.0 x 11.0 x 11.5 cm

255
20.0 x 13.0 x 13.0 cm

10
19.0 x 13.0 x 12.0 cm

169
22.0 x 15.0 x 10.5 cm

337
12.0 x 13.5 x 10.0 cm

151
12.0 x 16.0 x 11.5 cm

58
21.0 x 14.0 x 10.0 cm

54
22.0 x 12.0 x 10.0 cm

306
14.0 x 21.0 x 11.5 cm

180
32.0 x 16.0 x 13.0 cm

64
13.5 x 11.0 x 11.0 cm

275
21.5 x 13.5 x 11.0 cm

308
24.0 x 16.5 x 12.0 cm

320
23.0 x 17.0 x 10.0 cm

82
25.0 x 14.0 x 10.0 cm

147
20.0 x 13.0 x 13.5 cm

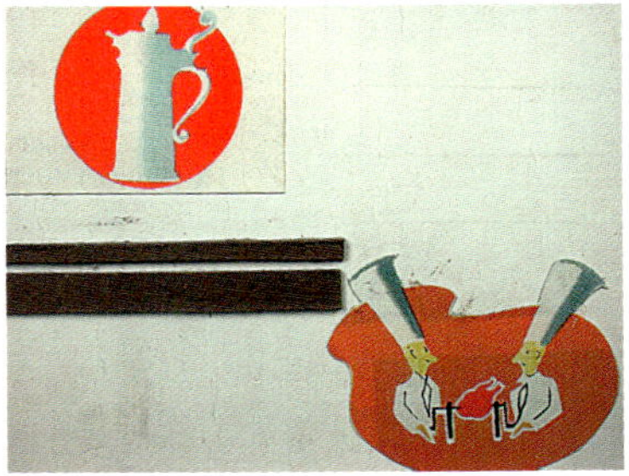

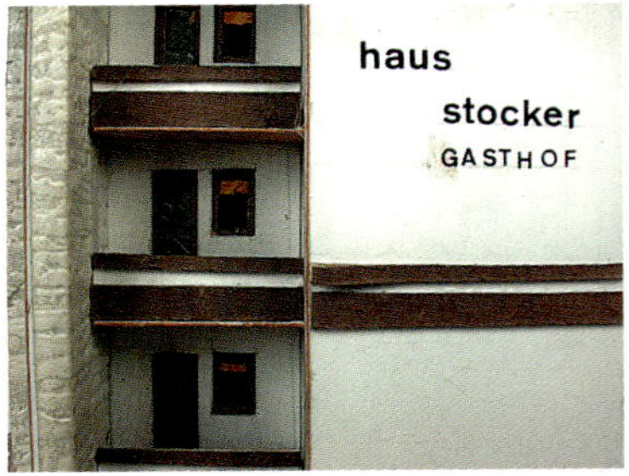

259
18.0 x 11.5 x 12.0 cm

163
19.0 x 14.0 x 13.5 cm

221
19.0 x 13.0 x 10.0 cm

Vergnügungsstätten | Leisure Facilities

Das Modellkino ist eine Miniatur – es erlaubt dem Betrachter einen panoramatischen Blick und lässt sich wie eine Filmrolle durch die Finger drehen. In beiden Fällen hat man Geschichten in der Hand, verfügt über Erzählungen. Bildräume und Raumbilder verkreuzen sich im Kino als sozialem Raum – ein Prototyp für die Frühgeschichte der Mediatisierung.

Die Leinwand ist eine Inversion der Modellwelt. So schreibt Ingeborg Bachmann: »Zwei Stunden lang [...] in viel Dunkelheit, zum ersten Mal Venedig gesehen, so war ich in das Venedig gekommen, das ich nie sehen werde, an einem windigen [...] Wintertag.« Und doch wird sie etwas davon bei einem Venedig-Besuch wieder finden, denn Stadt ist physische Umwelt, aber ebenso *Image* aus Film, Roman oder Postkarte.

Das einzige Kino der Sammlung ist auch modellhaft für Kino-Orte der sechziger Jahre. Provinz (ein umgebautes Kleinstadtgasthaus) und urbane Modernität (große Glastüren; Fenster mit Plakaten, Filmstills und Werbung; das Rosa der Wiederaufbaugesellschaft; in Verputz und Leuchtschrift »Kino« oder »Lichtspiele«). Das Kino war neu und von Jugendverboten umzäunt. Ein Schlitz in der Stadt, durch den man in einen Raum voller Versprechen und Begehren schlüpfen konnte – auch zu ersten sexuellen Erfahrungen. Das war ebenso heimlich, wie bis heute der Ausgang immer ein versteckter Schlurf, immer eine Hintertüre ist.

The model cinema is a miniature – it provides the spectator with a panoramic view and lets itself be passed through one's fingers like a roll of film. In both cases one has stories in the hand, is in charge of tales. Pictorial spaces and spatial images intersect in the cinema as a social space – a prototype for the early history of media.

The screen is an inversion of the model world. Ingeborg Bachmann writes "Two hours long [...] in a lot of darkness, saw Venice for the first time, this is how I arrived in that Venice which I will never see, on a windy [...] winter day." However, she will find something of it again when visiting Venice, for though city is physical environment it is just as much an image from a film, a novel or a postcard.

The only cinema in the collection is also a model for cinema locations in the sixties. *Provinz* (a converted small town pub) and urban modernity (large glass doors; windows with posters, film stills and advertisements for aperitifs and coffee; the pink walls of a society involved in rebuilding the nation following the war; in the plaster and neon lighting 'cinema' or 'moving pictures'). The cinema was new and fenced round with Adults Only. A slit in the town through which one could slip into a space full of promise and desire – into the first sexual experiences as well. That was just as secret as the exit always has been until today, a hidden escape, always a back door.

IRENE NIERHAUS

150
11.0 x 8.0 x 7.0 cm

153
22.5 x 13.0 x 11.0 cm

69
30.0 x 17.0 x 14.0 cm

Seilbahnstationen | Cable-Car Stations

Eine Seilbahn besteht aus zwei einseitig offenen Gebäuden, die in verschiedener Höhe liegen und durch eine gewaltige Seilkonstruktion miteinander verbunden sind. Um von dem einen Gebäude in das andere zu kommen, ist eine Kabine vonnöten. Im Gegensatz zu den gemauerten Stationen, die sich aus verständlichen Gründen ihre offenen Seiten zukehren, ist die am Seil hängende Metallgondel rundum abgeschlossen, dafür aber beweglich. Auf ihrer Pendelfahrt zwischen oben und unten liefert sie ihren Fahrgästen atemberaubende Aussichten sowie das schräge Vergnügen, stehend durch die Luft zu fahren. Diese den Körper betreffenden Erfahrungen können im Modellmaßstab natürlich so wenig reproduziert werden wie der schaurige Blick in den Abgrund. Dem Erbauer der miniaturisierten »Zettersfeldseilbahn« erlaubt das Thema Seilbahn stattdessen, unsere Aufmerksamkeit auf abgründige Weise von außen nach innen zu lenken. Der Blick in den geöffneten Schlund der beiden Stationsgebäude zeigt uns, dass die Liebe zum Detail eine im Prinzip unabschließbare Angelegenheit ist. Die fehlende Wand macht aus den Stationsgebäuden eine aparte Puppenbühne. Die silbergrauen Gondeln mit den akkurat aufmodellierten Nieten verwehren uns allerdings einen tieferen Einblick in ihr Inneres. Man möchte sie deshalb am liebsten aus ihrer architektonischen Verschalung herausnehmen und zwischen den Fingern zerdrücken.

A cable-car station consists of two buildings open on one side, positioned at two different heights and connected to each other by a huge cable construction. A car is requisite to get from the one building to the other. In contrast to the walled stations, which face each others' open sides for understandable reasons, the metal cable car suspended from the cable is closed in on all sides but mobile for all that. In shuttling passengers between the top and the bottom it provides them with breathtaking views and the unusual pleasure of sailing through the air whilst standing. Obviously these physical experiences can no more be reproduced with a scale model than the bloodcurdling view of the drop beneath. Instead the builder of the miniaturised Zettersfeld Cable-Car gets the subject of the cable-car to draw our attention from the outside to the inside in a profound manner. The view into the maw of both station buildings shows us that a love of detail is in principle an interminable affair. The missing wall turns the station buildings into a distinctive dolls' stage. However the silver-grey cable-cars with their accurately modelled rivets deny us a more penetrating glance into their interior. One feels like taking them out of their architectural casing and squeezing them between a couple of fingers.

HARRY WALTER

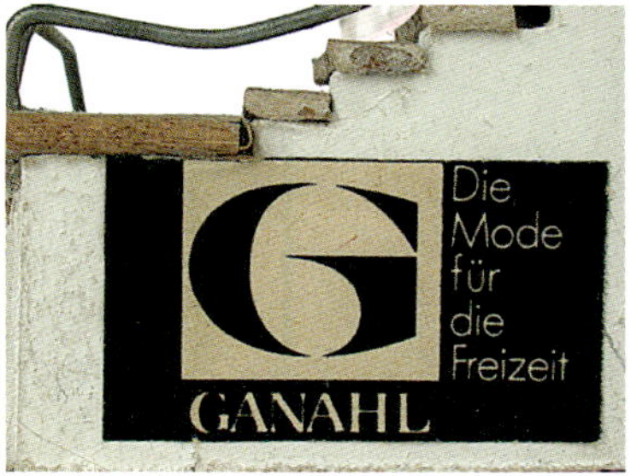

162
16.5 x 14.5 x 11.5 cm

117
14.0 x 15.0 x 10.0 cm

Geisterbahn | Ghost Train

Als einziges der 387 Modelle enthält die Geisterbahn »Elite« eine menschliche Figur. Sie steht mit verschränkten Armen am Eingang, halb Mensch, halb Tier – ein Monstrum. Ist es der Besitzer, ist es ein Besucher? Oder hat sich Peter Fritz, der mysteriöse Autor der Sondermodelle, hier vielleicht selber dargestellt? Wartet er darauf, uns in sein Spukschloss zu führen? Was wissen wir eigentlich über ihn, außer dass er Versicherungsbeamter gewesen sein soll? War nicht auch Franz Kafka Versicherungsbeamter?

Im Unterschied zu den meisten anderen Modellen können wir nicht ins Innere sehen. Die Fratzen an der Fassade versprechen zwar etwas, aber woher sollen wir wissen, dass es seinen Preis wert ist? Wie ein Monstrum ein Spiegel dessen ist, was für die Gesellschaft als »normal« gilt, so hält die Figur mit der Geisterbahn unserer wirklichen Architektur den Spiegel vor. Sie verspricht Genüsse, die seit langem verpönt sind: Verblüffung, Atmosphäre, Unterhaltung, Effekt. Noch zögern wir, dem Monstrum zu folgen, und uns dem kurzlebigen Spektakel in der Geisterbahn hinzugeben. Aber die Neugier wird siegen. Wann haben wir zuletzt in einem Gebäude eine Gänsehaut gespürt oder gelacht? Und wer hat die Hintertür der Geisterbahn geöffnet?

The ghost train Elite is the only one of the 387 models containing a human figure. It stands at the entrance with its arms folded, half human, half animal – a monster. Is it the owner or is it a visitor? Or perhaps Peter Fritz, the mysterious author of these models, portrayed himself here? Is he waiting to lead us into his haunted castle. What do we actually know about him, except that he was apparently an insurance clerk? Wasn't Franz Kafka also an insurance clerk?

In contrast to the majority of models we cannot see inside. Although the grotesque faces on the facade are filled with promise, how do we know it will be worth the entrance price? The figure with the ghost train acts as a reflection of our real architecture just as a monster is a reflection of what society sees as 'normal'. It promises pleasures that have been frowned upon for a long time: amazement, atmosphere, entertainment, effect. We still hesitate to follow the monster, and give ourselves over to the short-lived spectacle of the ghost train. Curiosity will triumph though. When did we last get goose pimples or laugh in a building? And who opened the back door to the ghost train?

PHILIP URSPRUNG

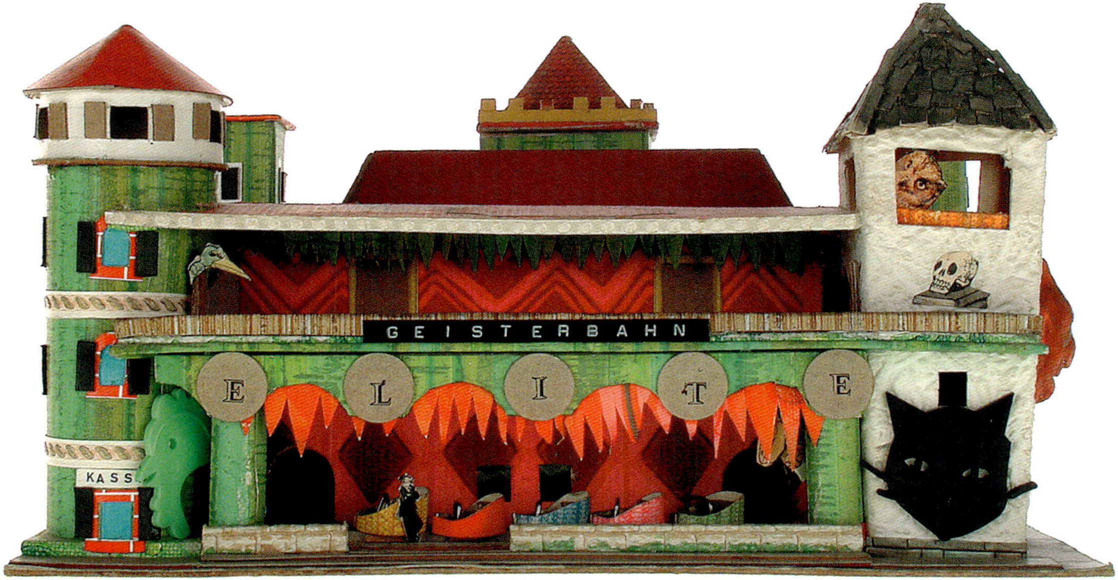

364
29.0 x 22.0 x 15.0 cm

Kirchen | Churches

Mit seinem größten Kirchenmodell ist Peter Fritz in den Kathedralbauhimmel aufgestiegen. Nichts anderes als eine Bischofskirche kann das Modell projektieren, denn bereits die fünf Türme markieren das hohe Anspruchsniveau des Baues. Die Fassade rahmt ein dreistöckiges Turmpaar, dessen Pilastergliederung in den Chorflankentürmen aufgenommen wird, die wiederum einen Zentralbau in ihre Mitte nehmen. In dessen Innern ist der Altar zu vermuten. Obwohl die Fassade an Vorbilder des römischen Kirchenbaus der Renaissance erinnert – den vom Segmentbogengiebel überkuppelten Spitzgiebel darf man als Zitat werten – sind die inventorischen Qualitäten des Entwurfs doch unbestreitbar. Drei selbstständige Raumkompartimente finden sich hier aneinander gereiht. Sie markieren eindeutig die unterschiedlichen Funktionen des Gebäudes: den Eingang mit Glockentürmen, den Versammlungsort für die Gemeinde, sowie, als Schlusspunkt, das liturgische Zentrum. In der Behandlung der dekorativen Details beobachtet man die für Fritz typische Faktur, für die sich – etwa in der Verwendung von Fremdmaterialien – durchaus Vorbilder in der Geschichte des Architekturmodells benennen lassen. Manche der räumlichen Anschlüsse wirken in der Silhouette nicht ganz überzeugend, so beispielsweise der Übergang vom Mittelschiff zum Chor. Dies ließe sich jedoch in weiteren Planungsschritten zweifellos korrigieren.

Peter Fritz has ascended to the cathedral building heaven with his largest church model. The model can represent nothing other than a cathedral as the five steeples testify to the exalted claims of the building. The facade frames a pair of three storey towers whose pilaster arrangement is taken up in the towers flanking the choir which in turn set a central structure in their midst. The altar is presumably inside. Although the facade is reminiscent of renaissance Roman church architecture (the pointed gable interlocked by the segmental arch gable can be taken as a quotation), the inventive quality of the design is indisputable. Three independent spatial compartments are aligned with one another. They clearly mark out the different functions of the building: the entrance with the belfry, the gathering place for the congregation and finally the liturgical centre. A feature typical of Fritz's work can be observed in the treatment of decorative details (the use of unusual materials for example) for which forerunners can be named from the history of architectural model making. Some of the spatial connections are not totally convincing in silhouette, for instance the transition from the nave to the choir. This however could doubtless be corrected at further planning stages.

ALEXANDER MARKSCHIES

365
24.0 x 32.0 x 25.0 cm

351
8.0 x 12.5 x 13.5 cm

350
21.0 x 23.0 x 35.0 cm

349
15.5 x 22.0 x 30.0 cm

348
17.5 x 21.0 x 30.0 cm

352
10.0 x 16.0 x 19.0 cm

353
13.0 x 21.0 x 25.0 cm

355
10.0 x 15.0 x 17.0 cm

361
4.0 x 8.0 x 9.5 cm

358
6.5 x 9.0 x 11.0 cm

357
5.5 x 4.5 x 6.5 cm

362
12.0 x 19.0 x 25.0 cm

360
12.0 x 21.0 x 27.0 cm

354
16.5 x 20.0 x 20.0 cm

Vermisst | Untraced

Auf einigen Dias aus dem Nachlass Peter Fritz' sind neben den bekannten Modellen etliche Häuser zu sehen, deren Verbleib bislang ungeklärt ist.

Alongside the models known to us, on some of the slides from Peter Fritz's estate there are numerous buildings which have not yet been traced.

388

389

390

391

392

393

394

395

396

397

398

399

400

401

402

403

404

405

406

407

408

409

410

411

412

413

414

415

416

417

418

419

420

421

422

AUTOREN | AUTHORS

Peter Fritz

Geboren 1916. Arbeitete spätestens seit Anfang der sechziger Jahre bei der Bundesländer-Versicherung in Wien. Verheiratet, keine Kinder. Wohnte in der Stolberggasse im 5. Wiener Gemeindebezirk. Nach seinem Tod im Jahre 1992 wurde die Wohnung aufgelöst. | He was born in 1916. He is known to have worked at the Bundesländer-Versicherung insurance company in Vienna at least from the beginning of the 1960s. He was married without children. He lived in the Stolberggasse in the 5th District of Vienna. Following his death the lease to his apartment expired and the premises were cleared.

Oliver Croy / Oliver Elser

Oliver Croy studierte an der Universität für angewandte Kunst in Wien. 1993 entdeckte er in einem Wiener Trödelladen 387 Modellhäuser und eine Dia-Sammlung. Lebt und arbeitet als freischaffender Künstler in Berlin und Wien. | Oliver Croy is a graduate of the University of Applied Arts in Vienna. In 1993 he discovered 387 model buildings and a collections of slides in a bric-a-brac shop in Vienna. He lives and works as an artist in Berlin and Vienna.

Oliver Elser ist Architekturkritiker, Archivar und Ausstellungsmacher. Architekturstudium in Berlin. Schreibt für *Texte zur Kunst* und die *Frankfurter Allgemeine Zeitung*. | Oliver Elser is an architectural critic, archivist and exhibition organiser. He is studying architecture in Berlin. He writes reviews for *Texte zur Kunst* and the *Frankfurter Allgemeine Zeitung*.

Friedrich Achleitner

studierte Architektur an der Akademie der bildenden Künste in Wien. Seit 1958 freier Schriftsteller und Mitglied der »Wiener Gruppe«. Bis zur Emeritierung Professor für Geschichte und Theorie der Architektur an der Universität für angewandte Kunst, Wien. | He studied architecture at the Academy of Fine Arts in Vienna. He has been a freelance writer and member of the 'Wiener Gruppe' since 1958. He was professor of architectural history and theory at the University of Applied Arts in Vienna until receiving emeritus status.

Peter Arlt

Gelernter Soziologe, freischaffender Forscher und Projektentwickler im städtisch-öffentlichen Raum. Projekte: »Volkstrinken« (Berlin 1998), »Bad Ly« (Freibad in einem Bauschuttcontainer in der Lychener Straße, Berlin 1998). Veröffentl. u.a.: *Sieben gewöhnliche Orte* (Linz 1997), *Hotel Burckschat* (Berlin 1999). | He studied sociology and is a freelance researcher and project developer in urban public space. Projects: 'Volkstrinken' (Berlin 1998), 'Bad Ly' (public pool in a building tip in Lychener Strasse, Berlin 1998). Publications include: *Sieben gewöhnliche Orte* (Linz 1997), *Hotel Burckschat* (Berlin 1999).

Bodo-Michael Baumunk

Kunsthistoriker und Volkskundler. Schreibt über Randgebiete der Kultur, u.a.: *H-Null. Der Modelleisenbahner und seine Welt* (1985). Arbeitet als Ausstellungskurator, zuletzt Leiter der »Sieben Hügel« im Martin-Gropius-Bau (Berlin 2000). | He is an art historian and ethnologist. He writes about fringe sectors of culture, for example: *H-Null. Der Modelleisenbahner und seine Welt* (1985). He works as an exhibition curator, most recently as director 'Sieben Hügel' in the Martin Gropius Bau (Berlin 2000).

Bittermann&Duka

Geboren in München. Studium an der Akademie der bildenden Künste, Karlsruhe. / Studium an der Akademie der bildenden Künste, München. Leben und arbeiten zusammen in Berlin. | They were born in Munich. Studied at the Academy of Fine Arts, Karlsruhe./Studied at the Academy of Fine Arts, Munich. Living and working together in Berlin.

Thomas Bayrle

Neben diversen Schulausbildungen sammelte er Erfahrungen in Weberei, Satz, Druck, Montage, Collage und Sampling. 1964 und 1977 documenta-Teilnehmer. Seit 1975 Professur an der Städelschule. Lebt und arbeitet in Frankfurt am Main. | Besides attending various schools he also gained basic experience in weaving, typing, printing, montaging, collaging and sampling in various fields. He lives and works in Frankfurt. In 1964 and 1977 he took part in the 'Documenta'. He has been teaching at the Städelschule since 1975.

Christoph Doswald

Ausstellungsmacher, Autor und Kunstkritiker. Lebt in Berlin und Zürich. Letzte Publikationen/Projekte: *Gegenspieler. Beuys – Warhol* (Frankfurt/M. 2000), »Missing Link« (Kunstmuseum Bern, 1999), »Nonchalance« (Akademie der Künste, Berlin 1998). | Exhibition organiser, author and art critic. Living in Berlin and Zurich. Recent publications/projects: *Gegenspieler. Beuys – Warhol* (Frankfurt/M. 2000), 'Missing Link' (Kunstmuseum Bern, 1999), 'Nonchalance' (Akademie der Künste, Berlin 1998).

Jesko Fezer

Beteiligt an kultureller Produktion und Kritik in den Feldern Kunst, Architektur und Stadt. Er ist Mitbetreiber der Buchhandlung »PRO qm« und wissenschaftlicher Mitarbeiter an der Hochschule der Künste Berlin, Studiengang Architektur. | He collaborates in cultural productions and is a critic in the fields of art, architecture and urban space. He is co-manager of the 'PRO qm' bookshop and is a research assistant in architecture at the Hochschule der Künste in Berlin.

Ingeborg Flagge

Prof. Dr., Journalistin und Publizistin. Frühere Bundesgeschäftsführerin des BDA (Bund Deutscher Architekten) und Chefredakteurin von *Der Architekt*. Seit Juli 2000 Direktorin des Deutschen Architektur Museums. | She is a journalist and writer. She was formerly federal manager of the BDA (the German Federation of Architects) and editor in chief of *Der Architekt*. She has been director of the German Architecture Museum since July 2000.

Harald Fricke

Studium der Literaturwissenschaften und Philosophie. Seit 1993 Kulturredakteur der *taz – die tageszeitung*, seit 1994 Berlin-Korrespondent für *artforum*. | He studied literature and philosophy. He has been cultural editor of *taz – die tageszeitung* (daily newspaper) since 1993 and Berlin correspondent for *artforum* since 1994.

Benjamin Foerster-Baldenius

In seinem Buch *copyright:/* (Berlin 1997) untersuchte er die Faszination von Modellen als Verharmlosung der Wirklichkeit und ihre Gefahren und Möglichkeiten, besonders im Architekturberuf. Arbeitet in Berlin als »Imagineering Spezialist«. Baut Häuser. | In his book *copyright:/* (Berlin 1997) he examined the fascination of models as a playing down of reality and their dangers and possibilities, especially in the architectural profession. He works as an 'imagineering specialist' in the architainment business in Berlin. Destructs and constructs buildings.

Walter Grasskamp

studierte Literaturwissenschaft, Kunstgeschichte, Philosophie und Soziologie in Köln, Konstanz und Aachen. Kritiker und Professor für Kunstgeschichte. Zuletzt erschien *Konsumglück. Die Ware Erlösung* (München 2000). | He studied literature, art history, philosophy and sociology in Cologne, Constance and Aachen. He is a critic and professor of art history. Recent publication: *Konsumglück. Die Ware Erlösung* (Munich 2000).

Franz Grieshofer

Hofrat, Dr., Direktor des Österreichischen Museums für Volkskunde. Univ. Lektor, Forschungsschwerpunkte: regionale Volks- und Alltagskulturen im Bereich der ehemaligen österreichischen Monarchie, Museums- und Ausstellungswesen. | He is an honorary Counsellor of Austria, Director of the Österreichisches Museum für Volkskunde and university lector whose main field of research is regional folk life and everyday cultures in the area of the former Austrian Empire, the study of the museum and exhibitions.

Wolfgang Kos

Historiker, Publizist und Ausstellungsmacher. Lebt und arbeitet in Wien. Bücher u.a.: *Eigenheim Österreich. Zu Politik, Kultur und Alltag nach 1945* (1995), *Alpenblick. Die zeitgenössische Kunst und das Alpine* (Katalog, 1997). | He is a historian, publisher and exhibition organiser. He lives and works in Vienna. Books include: *Eigenheim Österreich. Zu Politik, Kultur und Alltag nach 1945* (1995), *Alpenblick. Die zeitgenössische Kunst und das Alpine* (catalogue, 1997).

Clemens Krümmel

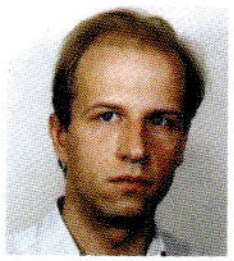

hat Kunstgeschichte studiert und arbeitet als Redakteur der Zeitschrift *Texte zur Kunst*. Er lebt in Berlin. | He studied art history and works as editor for the art magazine *Texte zur Kunst*. He lives in Berlin.

Helga Kusolitsch

Studium der Geschichte und Kunstgeschichte. Seit 1995 im Kulturbereich in Wien tätig, seit 1998 freie Mitarbeit am Deutschen Architektur Museum, schreibt Texte zur Architektur und war Co-Kuratorin der Ausstellung »Botschaften. 50 Jahre Auslandsbauten der BRD«. | She studied history and art history. She has been working in the cultural field in Vienna since 1995. Since 1998 she has been working for the German Architecture Museum on a freelance basis. Co-curator of the exhibition 'Botschaften. 50 Jahre Auslandsbauten der BRD'.

Wolfgang Lechner

Studium an der Technischen Universität München und der ETH Zürich. Lebt als freischaffender Architekt in Traunstein und Berlin. | He studied at the Technische Universität in Munich and the Zurich ETH, and works as a freelance architect in Traunstein and Berlin.

Alexander Markschies

studierte Kunstgeschichte in München, Berlin, Florenz und Bonn. Seit 1998 Assistent am Institut für Kunstgeschichte der Universität Aachen. Publikationen zur Skulptur des 13.–15. Jahrhunderts und zur Architektur der Renaissance. | He studied art history in Munich, Berlin, Florence and Bonn. He has been an assistant lecturer in art history at the Institute for Art History at the University of Aachen since 1998. He has produced publications on the sculpture of the 13th to 15th centuries and on Renaissance architecture.

Irene Nierhaus

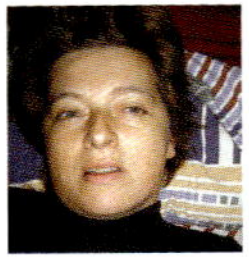

Priv. Doz. Dr. habil., Kunsthistorikerin. Lehrt an Universitäten in Österreich und Deutschland, derzeit Gastprofessur an der Universität für angewandte Kunst, Wien. Veröffentl. u.a.: *Arch 6. Raum, Geschlecht, Architektur* (Wien 1999), »Transfer. Die Statione Termini«, in: *Architektur Aktuell*, Juni 2000. | She is an art historian. She teaches at universities in Austria and Germany and is at present visiting lecturer at the University of Applied Arts, Vienna. Publications include: *Arch 6. Raum, Geschlecht, Architektur* (Vienna 1999), 'Transfer. Die Statione Termini', in: *Architektur Aktuell*, June 2000.

Thorsten Platz

Der Exzentriker aus kleinbürgerlichen Verhältnissen eröffnete 1993 seinen ersten 99-Pfennig-Markt in Berlin. Sein exzessiver Lebensstil trieb das Unternehmen immer wieder in den Ruin. | In 1993 the eccentric with a lower middle class background opened his first 99 Pfennig market in Berlin. His excessive lifestyle repeatedly ran the business into bankruptcy.

Renate Puvogel

Kunsthistorikerin. 1976–96 wiss. Mitarbeiterin am Suermondt-Ludwig-Museum, Aachen. Freie Journalistin für zeitgenössische Kunst. Veröffentlichte u.a. *Lehrgeld – 20 Künstler- Portraits* (Köln 1995). Tätig im künstlerischen Beirat des Neuen Aachener Kunstvereins. | She is an art historian and was a research assistant at the Suermondt Ludwig Museum, Aachen, between 1976–96. She is a freelance journalist writing on contemporary art. Publications include *Lehrgeld – 20 Künstler-Portraits* (Cologne 1995). She is active on the artistic advisory board of the Neuer Aachener Kunstverein.

Anne Schmedding

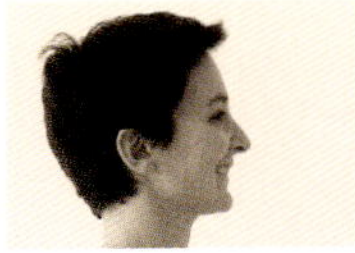

ist Kunsthistorikerin in Berlin. Sie war Redakteurin von *Daidalos*, hat ein Buch zur Berliner Architektur des 20. Jh. herausgegeben und war wissenschaftliche Koordinatorin der Ausstellung »Stadt der Architektur. Architektur der Stadt« (Berlin 2000). | She works as an art historian in Berlin. She was editor of *Daidalos*, has published a book about 20th century architecture in Berlin and was the co-ordinator of the exhibition 'City of Architecture. Architecture of the City' (Berlin 2000).

Burkhard Spinnen

Lebt in Münster, verheiratet, zwei Söhne. 1998–2000 Vertretungsprofessur für Literarische Ästhetik, Juror des Ingeborg-Bachmann-Preises 2000. Veröffentl. u.a.: *Modelleisenbahn* (1998), *Belgische Riesen* (2000), *Bewegliche Feiertage* (2000). | He lives in Münster, is married and has two sons. He was substitute professor for literary aesthetics from 1998 to 2000, and juror for the Ingeborg Bachmann Prize 2000. Publications include: *Modelleisenbahn* (1998), *Belgische Riesen* (2000), *Bewegliche Feiertage* (2000).

Dietmar M. Steiner

Mag. arch., langjähriger Mitarbeiter von Friedrich Achleitner am Architekturführer Österreich, 1995–1999 Chefredakteur von *domus*. Seit 1993 Direktor des Architektur Zentrum Wien. Zahlreiche Ausstellungen und Publikationen. | He works as an architecture historian, theoretician and critic. He was the editor in chief of the magazine *domus* in Milan from 1995 to 1999. He has been director of the Architektur Zentrum Wien since 1993. He has done a lot of cultural research and produced many publications and exhibitions.

Susanne Titz

studierte Kunstgeschichte, Literaturgeschichte, Sprachwissenschaft und Geschichte in Köln, Hamburg und Bonn. Seit 1997 Leiterin des Neuen Aachener Kunstvereins. Realisierte mit R. Puvogel die Ausstellung »Modell, Modell ...« (Aachen 2000), in der u.a. die SONDERMODELLE zu sehen waren. | She studied art history, literature, linguistics and history at Cologne, Hamburg and Bonn. She has been director of the Neuer Aachener Kunstverein since 1997. In collaboration with R. Puvogel she realised the exhibition 'Modell, Modell ...' (Aachen 2000), where the SPECIAL MODELS were part of the exhibition.

Philip Ursprung

Kunst- und Architekturhistoriker. 1992–99 Oberassistent an der Universität Genf und der ETH Zürich. 1999 Habilitation an der ETH Zürich. Seit 1999 Gastprofessor für Kunstgeschichte an der Hochschule der Künste Berlin. | He is a historian specialising in art and architecture. He was senior assistant lecturer at the University of Geneva and at Zurich ETH from 1992 to 1999. In 1999 he qualified as a lecturer at Zurich ETH. He has been a visiting lecturer for art history at the Hochschule der Künste in Berlin since 1999.

David Wagner

lebt in Berlin. Im Frühjahr 2000 erschien der Roman *Meine nachtblaue Hose* im Alexander Fest Verlag. | He lives in Berlin. His novel *Meine nachtblaue Hose* was published by the Alexander Fest Verlag in spring 2000.

Harry Walter

Künstler und Autor. Betreibt seit 1982 zusammen mit René Straub die künstlerische Produktionsgemeinschaft »ABR«. Lebt und arbeitet in Stuttgart. Zahlreiche Ausstellungen und Publikationen, u.a. zum Problem der Miniaturisierung. | He is an artist and author, living and working in Stuttgart. Since 1982 he has co-run the 'ABR' artistic productions co-operative with René Straub. He has had numerous exhibitions and publications, some of which treat the issue of miniaturisation.

Wilfried Wang

ist gebürtiger Hamburger. Er ist freischaffender Architekt in Berlin und Adjunct Professor of Architecture an der Harvard University Graduate School of Design. Wang ist Autor und Herausgeber verschiedener Architekturmono- und -topografien. | He was born in Hamburg. He is in private practice in Berlin and currently Adjunct Professor of Architecture at Harvard University Gradutate School of Design. Wang is author and editor of various architectural mono- and topographies.

Heinrich Wefing

Jurastudium, Promotion über Parlamentsarchitektur. Seit 1996 Feuilleton-Redakteur der *Frankfurter Allgemeinen Zeitung*. 1998 Kritikerpreis der Bundesarchitektenkammer. Publikationen zum Potsdamer Platz (1998) und zum Reichstagsgebäude (1999). | He studied law, and did his doctorate on parliament architecture. He has been a feuilleton editor for the *Frankfurter Allgemeine Zeitung* since 1996. He received the critics prize of the federal chamber of architects in 1998 and has published works on Potsdamer Platz (1998) and the Reichstag building (1999).

Christian Welzbacher

Geboren in Offenbach am Main, dort auch erste schulische Ausbildung. Mehr Schule auf dem zweiten Bildungsweg in Wiesbaden. Hochschule danach in Mainz, Glasgow, Berlin, Amsterdam und wieder Berlin. Seither Schreibarbeit nur noch außerhalb der Schule. | He was born in Offenbach am Main, where he attended his first school. Further education in Wiesbaden. Afterwards he was a student at colleges in Mainz, Glasgow, Berlin, Amsterdam and back to Berlin. Since then he only writes outside school.

Michael Zinganel

arbeitet als Künstler und Architekturtheoretiker in Graz und Wien an Projekten über Planungsmythologien und Alltagsarchitektur, u.a.: *Leerstellen im Sozialen Wohnbau* (1995), *Wir Häuslbauer – Bauen in Österreich* (Wien 1998), *Home* (1999), *Real Crime – Architektur, Stadt und Verbrechen* (2000). | He works as an artist and architecture theorist in Graz and Vienna on projects dealing with planning mythologies and everyday architecture, e.g.: *Leerstellen im Sozialen Wohnbau* (1995), *Wir Häuslbauer – Bauen in Österreich* (1998), *Home* (1999), *Real Crime – Architektur, Stadt und Verbrechen* (2000).

http://www.BauNetz.de/sondermodelle

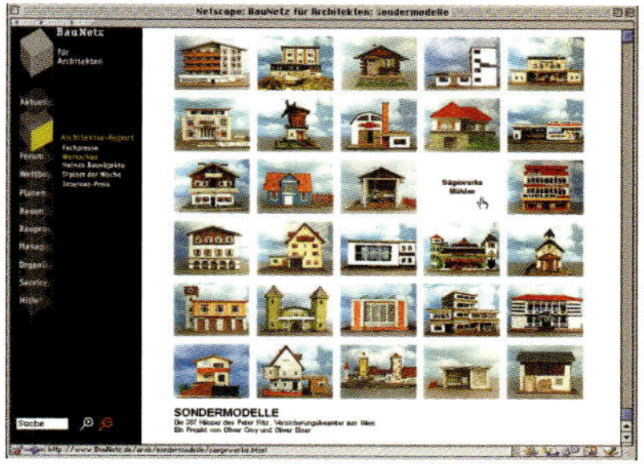

Herausgeber | Editor
Franz Grieshofer
Österreichisches Museum für Volkskunde, Wien

Redaktion | Editing
Oliver Croy / Oliver Elser

Verlagslektorat | Copy editing
Karin Osbahr

Übersetzungen | Translations
Jonathan Quinn / Chris Clouter

Gestaltung | Graphic Design
Stephan Fiedler

Digitale Fotografien | Digital Photographs
Oliver Croy / Oliver Elser

Satz und Bildbearbeitung | Typesetting and Imaging
Thorsten Platz

Gesamtherstellung | Printed by
Dr. Cantz'sche Druckerei, Ostfildern-Ruit

Erschienen im | Published by
Hatje Cantz Verlag
Senefelderstraße 12
73760 Ostfildern-Ruit, Germany
Tel. +49 / (0)711 / 4 40 50
Fax. +49 / (0)711 / 4 40 52 20
Internet: www.hatjecantz.de

ISBN 3-7757-1031-0

Printed in Germany

Die Deutsche Bibliothek - CIP-Einheitsaufnahme
Ein Titeldatensatz für diese Publikation ist bei
Der Deutschen Bibliothek erhältlich

Das kommentierte Werkverzeichnis des Wiener Versicherungsbeamten Peter Fritz erscheint anlässlich der Ausstellung | The annotated catalogue raisonné of the insurance clerk Peter Fritz from Vienna is published on occasion of the exhibition
Oliver Croy / Oliver Elser
SONDERMODELLE – Die 387 Häuser des Peter Fritz, Versicherungsbeamter aus Wien
im Österreichischen Museum für Volkskunde, Wien
| held at the Österreichisches Museum für Volkskunde, Vienna
(19. Januar–18. März 2001 | 19 January to 18 March 2001)
und im Deutschen Architektur Museum, Frankfurt am Main
| and at the Deutsches Architektur Museum, Frankfurt am Main
(3. Mai–14. Juni 2001 | 3 May to 14 June 2001)

Ausstellungsarchitektur | Exhibition Design
Oliver Croy / Oliver Elser

Leihgeber | Models on loan from
Oliver Croy

Katalog des Österreichischen Museums für Volkskunde, Bd. 77
| Catalogue of the Österreichisches Museum für Volkskunde, vol. 77

Die Produktion des Katalogbuches wurde durch die IKEA-Stiftung, die Bausparkasse Schwäbisch Hall und den Online-Dienst BauNetz gefördert. | This catalogue was sponsored by the IKEA-Foundation, the Schwäbisch Hall building society and BauNetz, the internet portal for the construction business.

Die Bausparkasse Schwäbisch Hall ermöglicht die Ausstellung im Deutschen Architektur Museum, Frankfurt am Main. | The exhibition at the Deutsches Architektur Museum in Frankfurt am Main was made possible by the support of the Schwäbisch Hall building society.

BauNetz®
Der Online-Dienst für die Baubranche

IKEA~Stiftung

Schwäbisch Hall
Auf diese Steine können Sie bauen